PRAXIS KOMMUNIKATION 1

Zur PR in Unternehmen und Institutionen

Hrsg. von Elke Neujahr, Düsseldorf
Prof. Dr. Klaus Merten, Münster

D1695621

Elke Neujahr

SOS-Krise
souverän –
orientiert – sicher:

PR
in schwierigen
Zeiten

Martin Meidenbauer »

Die Deutsche Bibliothek verzeichnet diese
Publikation in der Deutschen Nationalbiblio-
grafie; detaillierte bibliografische Daten sind
im Internet über http://dnb.ddb.de abrufbar.

© 2005 Martin Meidenbauer
Verlagsbuchhandlung, München

Umschlag-Abbildung: © Verlag

Printed in Germany

Gedruckt auf
chlorfrei gebleichtem, säurefreiem und
alterungsbeständigem Papier (ISO 9706)

ISBN 3-89975-480-8

Verlagsverzeichnis schickt gern:
Martin Meidenbauer Verlagsbuchhandlung
Erhardtstr. 8
D-80469 München

www.m-verlag.net

Inhalt

Editorial

Das vorliegende Buch beschäftigt sich mit dem Aspekt der Kommuni-kation in Krisen. Es zeigt aber auch die Verbindung zu anderen we-sentlichen Funktionen der Unternehmensführung. Betriebswirtschaftli-che und insbesondere rechtliche Aspekte werden näher betrachtet.

Als PR- und Kommunikationsberaterin beschäftige ich mich seit mehr als 20 Jahren aktiv mit unterschiedlichsten Krisensituationen. Am Anfang meiner Karriere war ich Teil eines Back-Offices, heute habe ich die Ehre, in verschiedenen Managementkreisen bzw. Krisen-stäben mitwirken zu dürfen. Die praktischen Erfahrungen, die ich dabei im Laufe vieler Jahre gemacht habe, möchte ich mit diesem Buch an Manager aus Unternehmen aller Wirtschaftszweige sowie an Ein- und Aufsteiger in der Kommunikationsbranche weiter geben. Profis aus Wissenschaft und Wirtschaft steuern in speziellen Beiträgen profundes Praxiswissen zu zentralen Aspekten von Krisen und ihrer Bewältigung bei. Ihnen sei an dieser Stelle herzlich gedankt!

Im Grunde genommen haben wir alle täglich Krisen zu bewältigen – das ist das Wesen von Management. Dabei kann ich die Behaup-tung, jede Krise werde ohnehin öffentlich, nicht unterschreiben. Gele-gentlich aber tritt eine jener dramatischen Situationen ein, die ein Unternehmen in Existenznöte bringen kann. Immer dann, wenn Teil-öffentlichkeiten und vor allem Medien auf Probleme aufmerksam geworden sind, ist schleunigst strukturierte Kommunikation angeraten. Das vorliegende Buch ermöglicht schnelles und zielgerichtetes Han-deln. Die folgenden Beiträge beschreiben Abläufe und nennen Bei-spiele und konkrete Instrumente, um souverän, orientiert und sicher Krisensituationen zu meistern.

Besonderer Dank gilt meinem Mann Andreas Mänz, der mich seit Jahren erfolgreich coacht, sein kritisches Auge hat walten lassen und der mich ermunterte, dieses Buch zu veröffentlichen.

Mein Wunsch ist, dass Sie damit eine aufschlussreiche (und gelegent-lich durchaus unterhaltsame) Lektüre für Ihre Praxis finden. In diesem Sinne

Elke Neujahr

Vorwort

Krisen. Naja, sagen viele Teilnehmer meiner Seminare, Krisen habe ich jeden Tag zu bewältigen. Krisen zu bewältigen, damit umzugehen, ja, sie als Stück meiner täglichen Arbeitswelt zu akzeptieren, das ist ein Stück Realität meines Alltags. Darum bin ich Führungskraft und Manager und werde entsprechend bezahlt. Was soll da besonderes dran sein, warum gibt es gerade in jüngster Zeit dazu so eine große Anzahl von Veröffentlichungen?

Das Thema, eine Modeerscheinung also? Vielleicht ja. Aber dann ist es auch als Modeerscheinung zu bewerten, wenn Lebensmittelkonzerne aufgrund einer Produkterpressung Millionen an Umsätzen einbüssen und erhebliche Marktanteile verlieren. Wenn Automobilhersteller aufgrund einer einzigen technischen Unzulänglichkeit bei einer Produktneueinführung so in die Schlagzeilen geraten, dass die Amortisationszeiten der Fahrzeuglinien verdoppelt oder verdreifacht werden und die mühsam gestaltete Marke auf einen Schlag einen gewaltigen Schaden nimmt, von dem nicht nur die Branche noch 10 Jahre später spricht. Wenn spitzfindige Analysten unter einer der zahlreichen möglichen Aspekte, die die neuen Corporate Governance Regeln bieten, Ihre Unternehmenskommunikation in Frage stellen und infolge Ihr Aktienkurs in den Keller rauscht.

Haben Sie sich schon mal gefragt, wieso eigentlich ausgerechnet jetzt in Deutschland die bislang hierzulande fast völlig unpopulären Managerhaftpflichtversicherungen solchen Aufwind haben? Es geht um Themen wie Unternehmensschaden, abstürzende Börsenkurse, Massenentlassungen, Gewinnkürzungen, Marken- und Imageverlust etc.

Wir leben in komplexen Zeiten. Das viel beschworene Zeitalter der Kommunikation hat auch andere Seiten als das Internet und die mobile Kommunikation. Heute kann fast jeder fast alles erfahren – und sich darüber auf zahlreichen Plattformen verbreiten. Und dann geht es erstmal gar nicht darum, ob das alles richtig ist, was da verbreitet wird. Ein Gerücht, eine Meinung tauchen auf und – bums – gilt es als wahr oder als Tatsache von Teilöffentlichkeiten. An diesen Gedanken müssen wir uns gewöhnen.

Natürlich, nicht alles und jedes ist eine Krise, der ich mich ausführlich als solcher widmen muss. In der Agenturgruppe, die ich seit Mitte der neunziger Jahre mit aufgebaut habe, hatte ich mit zunehmender Übernahme von Managementaufgaben jeden Tag das Gefühl, immer wieder Probleme mit Krisenpotenzial lösen zu müssen. Das sind aber noch nicht die Krisen, die wir hier behandeln wollen, sondern einfach tagtägliches Business: Löse die alltäglichen Probleme und agiere mit Weitblick im Sinne Deines Unternehmens.

Wir beschäftigen uns hier mit Fragen wie: Wodurch deutet sich eine wirkliche Krise an? Wo liegt überhaupt Potenzial für eine Krise verborgen und wie kann ich mich darauf vorbereiten? Was heißt das für mein Unternehmen und für mich? Und wenn es passiert ist, wie gehe ich damit um, betreibe ich professionell Schadensbegrenzung?

Sie sind Profi auf Ihrem Gebiet, ein versierter Ingenieur, ein international erfahrener Manager und Sie haben ein Top-Team, mit dem Sie sich vor keiner Herausforderung fürchten müssen? Gut – und wo haben Sie gelernt, mit Krisenkommunikation umzugehen? Was geht in Ihnen vor, wenn Sie ein schwieriges Problem organisatorischer oder technischer Art endlich zufrieden stellend gelöst haben und dann eine Journalistenschar über Sie herfällt, Sie mit kritischen Fragen bombardiert und Sie am nächsten Tag alles ganz anders in der Zeitung lesen? Sie sich in der Folge vielleicht rechtfertigen müssen im Kreise Ihrer Stakeholder, wo es gar nichts zu rechtfertigen gibt. Wenn die Themen plötzlich vom eigentlichen Problem wegmäandern?

Krisen sind interdisziplinär! Und: Sie führen oft zu einer völlig verschobenen Gewichtung in der öffentlichen Wahrnehmung. Kleine Ursache – große Wirkung?

Das ist unser Thema hier: Krisenkommunikation – was heißt das? Wie kann ich mich selbst sensibilisieren für jene Krisen, die zu einer kritischen Situation im Hinblick auf Öffentlichkeit führen können? Worauf muss ich achten, wie gehe ich in der Praxis damit um?

Dazu haben hier mehrere Experten daran gearbeitet, Ihnen einen Zugang auf eine möglichst pragmatische Art zu ermöglichen, indem sie ihre Erfahrungen beschreiben und für Sie in Empfehlungen umsetzen. Diese Beiträge sind auf den ersten Blick durch eine besondere Schrift zu erkennen.

Im ersten Kapitel beschäftigt sich Professor Dr. Klaus Merten mit der wissenschaftlich-theoretischen Begriffsdefinition von Krise. Hier finden Sie eine fundierte theoretische Betrachtung sowie eine umfassende Analyse und Chronologie des Falles Brent Spar.

In den Kapiteln II bis IV habe ich mich der praxisorientierten Darstellung von Krisenkommunikation in den unterschiedlichen Phasen gewidmet. Sie finden viele Fallbeispiele, die zu einem größeren Teil Ereignisse rund um das Produkt beschreiben, denn: Produktfehler und Produktrückläufe kommen am häufigsten vor. Aber keine Sorge: Wir behandeln weitaus mehr Krisentypen.

Insbesondere Dr. Heike Schiffler konzentriert sich in ihrem Gastbeitrag auf die Fragestellung von Managementverhalten und Personality-PR, einem hochaktuellen Themenkomplex.

Dr. Edith Wienand vertieft in ihrem Aufsatz die Medienanalyse als bedeutsames wissenschaftliches Instrument, das einen erheblichen Beitrag zur Risikominimierung leisten kann.

Last but not least: Im Beitrag von Dr. Knut Schulte finden Sie zwei spannende Aspekte aus rechtlicher Sicht: Erstens – Wie kann sich ein Manager, ein Unternehmen, gegen Skandalberichte oder Falschmeldungen schützen? Zweitens – Welche Stolpersteine sind im Rahmen des Corporate Governance Modells zu beachten, um sich vor Krisen zu schützen. Einige wertvolle Tipps helfen bei der Sensibilisierung für dieses aktuelle Unternehmensthema.

Ich hoffe dabei sehr darauf, dass es uns gelungen sein möge, die wichtigsten Aspekte in einer für unsere Leserschaft gut umsetzbaren Form nahe zu bringen und Ihnen damit bei einer souveränen Bewältigung oder viel besser souveränen Abwehr Ihrer nächsten Krise helfen zu können.

I. Der Begriff der Krise – eine systematische Betrachtung

Klaus Merten – Begriff, Struktur und Funktion von Krisen

1. Zum Begriff der Krise

Das griechische Wort „κρίση" hat mehrere Referenzen. Es bedeutet sowohl eine allgemeine, ungewisse resp. schwierige Lage oder Situation als auch einen Zeitabschnitt, in dem eine Entscheidung gefällt oder eine zu bildende Meinung (im Sinn von Kritik) erzeugt werden muss oder eine entscheidende Wendung eintritt, und verweist damit auf ein dynamisches, prozesshaftes Geschehen. Der Begriff ist daher erwartbar unscharf definiert, denn er versucht, einen Prozess zu fassen, dessen Entstehung, dessen Verlauf und dessen Folgen je für sich ungewiss sind und der damit eine Phase großer Ungewissheit beschreibt, also einen Prozessabschnitt sehr hoher Komplexität.

Der Begriff der Krise ist historisch eindeutig zu orten, doch seine Definition ist keineswegs auch einheitlich erfolgt. Ganz allgemein kann man Krisen definieren als Prozesse oder Zustände, die auf Grund bestimmbarer Größen ihre als gesichert vorausgesetzte Stabilität verlieren, aber unter bestimmten (positiven) Bedingungen resp. zu fällenden Entscheidungen in einem überschaubaren Zeitkorridor auf dem gleichen oder einem anderen Niveau restabilisiert werden können.

Abstrakter gesprochen ist eine Krise
- eine Veränderung, die
- unerwartet eintritt,
- deren Verlauf ungewiss ist, daher
- potenziell Entscheidungen unter Unsicherheit erfordert, und deren Folgen nicht kalkulierbar oder prognostizierbar sind.

17

Krisen können sich

- auf Personen,
- auf Organisationen und
- auf gesellschaftliche Teilsysteme erstrecken.

Demgemäß sprechen wir hier von Krisen auf dem Mikro-, Meso- oder Makro-Level (Tab. 1). Die damit vorgenommene Trennung ist zunächst nur eine analytische Trennung, denn de facto beziehen sich diese Ebenen aggregierend aufeinander: Eine Wirtschaftskrise auf dem Makro-Level kann auf dem Meso-Level eine Unterneh- menskrise auslösen (Insolvenz), die über die Entlassung von Mitar- beitern auf der Mikro-Ebene zu Existenzkrisen führt.[1]

Typische *Persönlichkeitskrisen* sind Abschnitte mit stark eingrei- fenden Veränderungen wie die Pubertät oder die Midlife-Crisis, die vergleichsweise erwartbar eintreten, deren Lösung in einem über- schaubaren Zeitkorridor und vergleichsweise erwartbar gelingt. Hier handelt es sich um Krisen mit standardisierbaren Lösungen und daher um relativ harmlose Krisen. Anders dagegen eine Ehekrise, die vergleichsweise unerwartet einen an sich als stabil angenom- menen Zustand („bis dass der Tod euch scheidet") beschädigt und deren Ausgang weder vom Zeitrahmen noch vom zu erwartenden Typus von (stabilem) Niveau her prognostizierbar ist.

In einer Organisation kann eine Krise analog hinsichtlich ihrer Schwere unterschieden werden. Sie ist eher leicht, wenn sie erwart- bar eintritt (also prognostiziert werden kann), wenn der Zeitkorridor ausreichend ist und der Umfang der einzuleitenden Maßnahmen kalkulierbar ist. Typischer Fall ist das Change Management, also die kalkulierte Veränderung von Strukturen aller Art (vgl. Pfannenberg 2003). Sie ist eher schwer, wenn die Parameter der Veränderung vorher nicht bekannt sind, der Zeitkorridor zu eng ist und/oder der Umfang der zur Beendigung der Krise notwendigen Entscheidungen zu groß ist. Typischer Fall wäre z. B. der (unvorhersehbare) Börsen- crash einer Kapitalgesellschaft, für dessen Bewältigung zu wenig Zeit und/oder zu wenig wirksame Maßnahmen (zu geringe Res- sourcen) zur Verfügung stehen.

---

1   Das Prinzip funktioniert allerdings, wie man z. B. vom Verhältnis interner und externer Kommunikation weiß, auch umgekehrt: Zufriedene, weil gut informierte und motivierte Mitarbeiter identifizieren sich stärker mit ihrem Unternehmen und erbringen eine deutlich höhere Leistung, die dann auf dem Meso-Level dem Unternehmen als Ganzes zugute kommt.

Krisen auf dem Level gesellschaftlicher Teilsysteme (Funktionssysteme)[2] sind im harmlosen Fall Veränderungen (im Wirtschaftssystem: vor allem technischer Art), die eine Anpassung an neue Formen der Produktion etc. erfordern: Die Erfindung der Schrift, der Dampfmaschine, der doppelten Buchführung oder des elektronischen Rechners sind gute Beispiele. Sie treten als Krisen meist gar nicht in Erscheinung, weil Innovationen letztlich das System stabilisieren, daher a priori positiv besetzt sind und semantisch unter dem Rubrum „Fortschritt" gebucht werden.

Massive Krisen wie Wirtschaftskrisen oder Staatskrisen sind dadurch ausgezeichnet, dass sie eine neue, ungewisse und tendenziell bedrohliche oder gefährliche Situation schaffen, die einer Korrektur resp. Entscheidung in Richtung einer positiven Alternative bedarf. Krisen auf diesem Level irritieren in der Regel auch die anderen gesellschaftlichen Teilsysteme: Eine Wirtschaftskrise begünstigt fast immer auch eine politische Krise etc. Auch hier kann das Ausmaß der Krise sehr unterschiedlich ausfallen. Der Rücktritt einer Regierung kann perfekt erwartbar sein (etwa: bei Wahlentscheidungen), aber er kann aus heiterem Himmel kommen, z. B. anlässlich eines erodierenden Skandals oder auf Grund äußerer Veränderungen (z.B. auf Grund von Kriegen), die sich dann leicht zu Staatskrisen ausweiten können. (Tab. 1)

---

2   Im Sinne der Theorie sozialer Systeme (vgl. Luhmann 1970: 154 ff.; Luhmann 1991: 88 ff.) sind Teilsysteme durch einen eigenen Code bzw. durch eine spezifische Funktion gekennzeichnet: Das politische System hat z. B. die Funktion der Herstellung bindender Entscheidungen, sein binärer Code ist Macht/keine Macht. Die Funktion des Wissenschaftssystems ist die Prüfung auf Wahrheit, sein binärer Code lautet demnach wahr/unwahr etc.

Typ von Krise/ Level	Mikro-Ebene	Meso-Ebene	Makro-Ebene
Einheit	Person	Organisation	Teilsystem
Typ der Krise	Persönlichkeitskrise	Unternehmenskrise	Wirtschaftskrise
Schweregrad:			
a) Einfache (lösbare) Krise	Pubertät	merger&aquisitions	Neue Normen oder neue Technologien
b) Ungewisse („kritische") Krise	Ehe-/Glaubenskrise	Finanzkrise	Politischer Umsturz
c) Unlösbare Krise (Katastrophe)	Wahnsinn, Selbstmord	Konkurs der Organisation	Zerstörung des Teilsystems

Tabelle 1: Lösungsmöglichkeiten von Krisen für unterschiedliche Systemebenen

Im ersten Fall (einfache Krise) ist eine Lösung sicher (100 %), im dritten Fall ist eine Lösung perfekt ausgeschlossen (0 %), hingegen ist eine Katastrophe gewiss. Im engen Sinn von „Krise" ist daher nur der zweite Typus als eigentliche Krise anzusprechen, denn die Entscheidung für mögliche Lösung (100 %) oder unmögliche Lösung (0 %) ist unsicher, sie trägt ein probabilistisches Risiko.

Damit ist auch die Abgrenzung zum Begriff des Risikos möglich: Ein Risiko ist die Wahrscheinlichkeit des Eintretens einer Gefahr, eine Krise ist der gesamte Zeitraum, in dem diese Gefahr wirksam ist.

Der Begriff der Krise ist in gewisser Hinsicht mit dem der Katastrophe verwandt: Die Katastrophe ist der Typ von Krise, bei dem der Verlust an Stabilität so groß ist und/oder der Zeitkorridor so eng ist, dass keine stabilisierenden (und damit die Krise entschärfenden) Maßnahmen mehr ergriffen werden können, so dass der temporale Eingriffspielraum nicht zur Stabilisierung ausreicht. Allgemeiner gesagt sind Krisen Phasen der Vorbereitung notwendiger Entscheidungen unter Ungewissheit. Sie sind damit ein bestimmter Typus von ausstehender Problemlösung neben anderen (etwa: militärische Konflikte, soziale Erosionen, Krankheiten, politische Umbrüche etc.), deren Latenz unausweichlich einen Zustand der Gefahr markiert.

Während der Risikobegriff die Wahrscheinlichkeit des Eintretens einer Gefahr bezeichnet (vgl. Luhmann 1991: 24 ff.), ist eine Krise genau der Zeitraum, in dem diese Gefahr bereits wirksam ist: Das Risiko, wegen überhöhter Geschwindigkeit im Straßenverkehr belangt zu werden, mag gering sein, aber der Risikofall tritt ein und markiert dann eine Krise, die die reale Gefahr des Führerscheinverlusts beinhaltet, die bis zur endgültigen Entscheidung andauert und so eine Phase der Unsicherheit erzeugt, die der Betroffene selbst nicht (allein) durch eine Entscheidung steuern kann.

2. Zur Struktur von Krisen

Krisen sind Veränderungen und damit notwendig an eine temporale Struktur gebunden, die sich ganz grob zunächst in drei Phasen differenzieren lässt (Abb. 1):

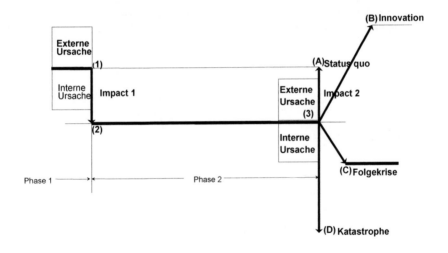

Abbildung 1: Temporale Struktur einer Krise

Phase 1 ist gekennzeichnet durch einen Zustand des Status quo, also einen stetigen Verlauf oder eine stetige Situation, deren Eigenheiten aus früherer Zeit genügend bekannt sind, die daher keine Überraschungen (keine Information) bereithalten und von denen man annimmt, dass sie/er auch in Zukunft unverändert andauern werden.

Phase 2 beginnt mit der Abweichung vom Status quo ante (1). Der Zeitpunkt des Eintretens ist in der Regel unbekannt und daher überraschend, die Ursache kann dagegen bekannt sein. In der Regel wird sie jedoch übersehen oder ist als solche bislang gar nicht bekannt oder wurde nicht in Erwägung gezogen. So ist die Phase der Adoleszenz durch die Pubertätskrise gekennzeichnet, deren Ausgang in aller Regel bekannt ist (so dass sie zu den eher einfachen Krisen zu rechnen ist), deren Beginn und deren Irritationen aber von Fall zu Fall anders und daher insgesamt stets überraschend verlaufen. Für die Abweichung können sowohl rein externe als auch rein interne als auch externe und interne Faktoren verantwortlich sein. In der Summierung machen sie die Stärke des Impact 1 aus, der Umfang und Richtung der Abweichung markiert.

Phase 2 stellt die eigentliche Krise dar: Es besteht eine Art Ausnahmezustand, der unerwünscht ist und materielle und/oder immaterielle Kosten verursacht und durch eine zu fällende Entscheidung mutmaßlich zu beenden ist. Typisch ist dabei – und genau das macht Krisen so gefährlich – dass die zu fällende Entscheidung ebenfalls unter Ungewissheit zu treffen ist bzw. bei externer Verursachung: Dass ungewiss bleibt, ob die Entscheidung das Problem löst oder das Problem verschlimmert, ggf. sogar zur Katastrophe führt. Typisch hierfür ist der Verlauf einer schweren Krankheit: Der Beginn ist stets unvorhergesehen und markiert den Anfang der zweiten, kritischen Phase (hier: hohes Fieber), in der allemal offen bleibt, ob die Krankheit zurückgeht (ob der Patient die Krankheit übersteht) oder ob es zur Katastrophe kommt (ob der Patient stirbt). Am Endpunkt dieser zweiten Phase erfolgt die Entscheidung bzw. es wird sichtbar, auf welche Alternative die Entscheidung unabwendbar hinführen wird.

Die dritte Phase markiert den neuen Zustand (3). Die getroffene Entscheidung entwickelt eine Veränderung (Impact 2), die wegen ihrer Ungewissheit prinzipiell auf vier Alternativen hinführen kann, nämlich:

A. Auf den vorherigen Zustand (Status quo) oder
B. auf einen anderen, aber positiv besetzten resp. erwünschten Zustand oder
C. auf der Beginn einer weit massiveren Folgekrise[3] oder aber

---

3 Bekanntes Beispiel für eine erodierende Folgekrise ist die Kürzung der Staatsausgaben in der Weimarer Republik durch Brüning (1930 ff.), die als Abwehr einer Finanzkrise durch Stabilisierung der Ausgaben geplant war. Sie führte aber zugleich zu einer höheren Arbeitslosigkeit, die in eine wesentlich stärkere politische Krise einmündete und mit der Machtübernahme von Hitler (31.3.1933) (zunächst) endete. Theoretisch liegt hier die Selbstverstärkung einer Krise durch eine Entscheidung vor, die

D. auf das finale (negative) Ende, also die Katastrophe (vgl. Abb. 1).

Systematisiert man die hier entwickelte Struktur von Krisen, so lassen sich daraus zumindest zehn Hypothesen ableiten:

Eine Krise wird umso schwerer ausfallen,

1. **je unverhoffter sie eintritt**
   Der Eintritt einer Krise kann sowohl interne als auch externe Ursachen haben: Eine interne Ursache wäre z. B. auf der Personenebene das Versagen wichtiger Organe, auf der Organisations- und Teilsystemebene eine falsche Entscheidung, fehlende Vorsorge für Krisenfälle per se etc.
   Eine externe Ursache wäre z. B. auf der Personenebene das Verhalten anderer Personen, auf der Organisationsebene das Verhalten des Marktes bzw. das der Konkurrenz und auf der Teilsystemebene der Einfluss anderer Teilsysteme (Folgekrisen). Für alle drei Ebenen sind ferner Umweltbedingungen wie z. B. Naturkatastrophen dazuzurechnen.

2. **je schneller sie sich entwickelt**
   Der Eintritt einer Krise wird umso bedrohlicher wahrgenommen, je rasanter sie sich, einmal ausgelöst, entwickelt, denn dann bleibt umso weniger Zeit zum Eingriff (Definition der Situation). Das kann im Ernstfall sogar dazu führen, dass die beteiligten Entscheider oder die betroffenen Personen von vornherein aufgeben.

3. **je stärker die Veränderung (Impact 1) ausfällt**
   Eine Krise wird umso stärker sein, je größer ihr Irritationspotenzial (Impact 1) – extern wie intern – ausfällt. Die Einführung einer neuen Technologie im Wirtschaftssystem mag zwar große Veränderungen nach sich ziehen und auch Gefahren bergen. Aber sie bleibt positiv besetzt (das Prinzip Hoffnung!), wird daher weniger bedrohlich empfunden und kann auf Grund der daraus folgenden Akzeptanz viel schneller positive Wirkungen erzeugen.
   Eine Veränderung kann aber nicht nur materielle oder natürliche Gründe besitzen, sondern sie kann sich als wachsender kognitiver und/oder emotionaler Dissens zu einem relevanten Thema zwischen Unternehmen und Zielgruppen entwickeln. *Brent Spar* ist hierfür das Beispiel par excellence (vgl. statt an-

---

als positives Feedback den Prozess der Krise nicht beilegt, sondern diesen sogar noch verstärkt.

derer Baerns 1996; Hecker 1997; Johannsen 1998; Klaus 1998 sowie Scherler 1996).

4. **je mehr sie externe, nicht kalkulierbare Ursachen hat**
   Eine Krise wird umso stärker ausfallen, je weniger ihre Gründe bekannt und kalkulierbar sind: Die Belastbarkeit einer Brücke lässt sich präzise berechnen, so dass gegen eine Überlastung valide Vorkehrungen getroffen werden, die einen Zusammensturz (also: eine Krise) unmöglich machen. Umgekehrt folgt daraus, dass mit Krisen umso mehr zu rechnen ist, je weniger die dabei beteiligten Faktoren einer exakten Quantifizierung zugänglich sind.

5. **je geringer die Kenntnis des Problems**
   Was für die Kenntnis der Ursachen einer Krise gilt, gilt erst recht für die Kenntnis der heilenden Kräfte, denn es bleibt nur wenig Zeit zur präzisen Analyse oder gar zur Langzeittherapie. Helfen kann hier aber die Annotation von Erfahrung, wie sie z. B. in jedem Krisenplan zum Ausdruck kommt: Wenn man, erfahrungsgestützt, schon Vermutungen oder gar präzisere Annahmen über Abhilfe riskieren kann, so reduziert das den Aufwand für Aufmerksamkeit und Analyse, der in einer Krisensituation ja eh umso geringer verfügbar ist, je größer die Krise ausfällt.

6. **je schwächer der Einsatz heilender Ressourcen (Impact 2)**
   Selbst wenn die Abhilfemöglichkeiten für eine Krise bekannt sind, so ist deren Einsatz damit noch nicht gesichert. Zum einen können die materiellen Ressourcen fehlen (etwa: um in einem Unternehmen die Produktion eines Produkts umzustellen, ein neues zu entwickeln etc.), zum anderen weil der dafür notwendige Zeitkorridor nicht zur Verfügung steht.

7. **je größer die Zahl der davon betroffenen Personen**
   Krisen auf der Meso- oder Makro-Ebene schlagen fast immer durch auf die Mikro-Ebene. Die Größe einer Krise lässt sich – wie im Übrigen auch die Aktualität einer journalistisch aktuellen Information – an der Zahl der davon betroffenen Personen messen: Die reichsweit andauernde Arbeitslosigkeit (1929) ist daher etwas ganz anderes als etwa der kurzlebige Störfall in einem Chemiewerk oder gar die punktuelle Krise auf dem Bahnsteig, weil der Vorortzug nicht rechtzeitig da ist.

8. **je größer die Relevanz der Veränderung für die betroffenen Personen**
   Je größer die Relevanz der eingetretenen bzw. zu befürchtenden Veränderung für die davon betroffenen Personen, desto größer die Krise. Der Begriff der Relevanz steht hier als Oberbegriff für eine Reihe weiterer Variablen, von denen der Grad

der Betroffenheit, der Grad der Bedrohlichkeit und die verbleibende Zeit zur Anpassung die wichtigsten sind.

9. **je ungewisser die Folgeprobleme**
Die von einer Krise erzeugten Folgeprobleme sind hinsichtlich der Zahl der davon betroffenen Personen, ihres Impacts und ihrer Fristigkeit oft nicht genügend schnell erkennbar, und je weniger dies der Fall ist, umso größer können die Folgeprobleme ausfallen. Aus Abbildung 1 geht zudem hervor, dass Folgeprobleme zu den negativen Auswirkungen einer Krise zu rechnen sind, die im Zweifelsfall noch größere Krisen katalysieren können.

10. **je geringer die Ressourcen proaktiver Kommunikation**
Das Setteln von Krisen durch ein aktives Krisenmanagement beruht immer stärker auf einer leistungsfähigen Kommunikation. Denn spätestens in der Mediengesellschaft erfolgt die tägliche Konstruktion weltweiter aktueller Wirklichkeitsentwürfe durch Medien. Daraus folgt, wie hier nicht dargestellt werden kann (vgl. Merten 2004; 2004 a), dass man nicht mehr, wie früher vielleicht, unterscheiden kann zwischen fiktionaler und faktischer Wirklichkeit. Und das hat *fundamentale* Auswirkungen auf die Rolle der Kommunikation, denn:

Die Bedeutung einer Krise hängt dann nicht nur von den bislang genannten Faktoren ab, sondern von der *Kommunikation dieser Faktoren in den je relevanten Öffentlichkeiten*:

Ob eine Krise

* mehr oder weniger unverhofft eintritt,
* sich schnell oder weniger schnell entwickelt,
* einen starken oder weniger starken Impact besitzt,
* mehr oder weniger kalkulierbare Ursachen besitzt,
* geheilt werden kann oder nicht,
* den mehr oder weniger starken Einsatz heilender Kräfte erlaubt,
* eine mehr oder weniger große Zielgruppe betrifft,
* eine mehr oder weniger große Relevanz für ihre Zielgruppe besitzt und
* Folgeprobleme erzeugt oder nicht,

ist in der Mediengesellschaft nicht eine Frage der Wahrheit, sondern *zuallererst eine Frage kollektiver Interpretation*, die durch die Wirklichkeitsentwürfe der Medien laufend bereitgestellt wird, also letztlich eine Frage der *Kommunikation*!

3. Zur Kommunikation von Krisen

Krisen können durch eine geeignete Kommunikation entschärft, ggf. sogar verhindert werden. Aber sie können auch umgekehrt durch eine ungeeignete Kommunikation geradezu herbeigeredet werden (vgl. Kocks 1998).

Diese Abhängigkeit von den Medien, die sozusagen als generalisierte Stellvertreter für alles sozial relevante Handeln und Erleben fungieren, lässt sich nochmals relativieren: Wenn nicht nur das Publikum als Beobachter der Medien auf Interpretationen (und nicht mehr auf Wahrheitsgewissheit) aufbauen kann, sondern wenn schon im Vorfeld die Medien selbst beginnen, die Feststellung von Wahrheit, von Objektivität flächendeckend durch Interpretation ersetzen, wird Interpretation reflexiv. Denn das ist die notwendige, aber auch hinreichende Voraussetzung für die Entstehung von Kommunikationskrisen, die nicht nur den Gegenstand der Kommunikation (die Krise), sondern auch die Kommunikation darüber auf Ungewissheit hin modalisieren: Wahrheit, als stabile Referenz auf Wirklichkeit, wird selbst Gegenstand der Interpretation und gewinnt eine riskante Struktur, die als Interpretation von Interpretation implementiert wird. Und dies wird, wie am nachfolgenden Beispiel abschließend zu demonstrieren ist, möglich durch den Verlust von *Glaubwürdigkeit:* Gemeint ist die Kommunikationskrise *Brent Spar*, die mit den bislang diskutierten Facetten einer Krise nur wenig gemein hat, diese aber nach und nach hinzugewann – durch eine Kommunikationskrise, die sich letztlich an einer Glaubwürdigkeitskrise entzündet hat. In 52 Tagen – zwischen dem 1. Mai und dem 21. Juni 1995 – entfaltete sich eine Krisenkommunikationskrise par excellence.

Fallbeispiel:
Krisenkommunikationskrise par excellence – Brent Spar
Zur Vorgeschichte: Die Verladeplattform *Brent Spar* des Shell-Konzerns, die seit etwa 20 Jahren in der Nordsee verankert war und allein zum Bunkern von Rohöl diente, hatte ausgedient und sollte möglichst umweltschonend entsorgt werden. Der Konzern hatte daher Entwürfe für eine maximal umweltverträgliche Entsorgung angefordert. Als umweltschonendste Alternative wurde der Plan, die Verladeplattform aus der flachen Nordsee östlich von Schottland mit ihren Küsten zu mehreren Anrainerstaaten zu einem Ziel weit nördlich der Orkney-Inseln wegzuschleppen und sie hier in mehr als 2000 m Tiefe zu versenken, akzeptiert. Dieser Plan wurde im Dezember 1994 mit dem zuständigen britischen Fachausschuss und mit allen relevanten britischen Behörden diskutiert und erhielt die

offizielle Genehmigung der britischen Regierung; dies wurde allen Anrainerstaaten, darunter auch der Bundesrepublik, bekannt gemacht. Soweit die Vorgeschichte, die unter diesem Aspekt keinerlei Bezug zu einer Krise erkennen ließ.

Zur Chronologie:

1. Ohne jeden Bezug zu dieser britischen Entscheidung hat die deutsche Shell mit einer Kampagne „Wir wollen etwas ändern" eine PR-Kampagne zur Schonung der Umwelt begonnen (1.3.1995).

2. Greenpeace informiert sich über die geplante Versenkung flüchtig und nur ein einziges Mal bei Shell und beginnt mit einer PR-Kampagne gegen die Versenkung der *Brent Spar* in den deutschen Medien.

3. Zum Auftakt wird – als ein Fall von hervorragend geplanter Aktions-PR – die Besetzung der *Brent Spar* inszeniert. Mit Schlauchbooten fahren auch Journalisten zur Besetzung (30.4.1995). Die Bilder der Besetzung werden den deutschen Medien zur Verfügung gestellt und von diesen gern und wiederholt publiziert. Zugleich wird die geplante Shell-Kampagne (Punkt 1) in den Medien mit der geplanten Entsorgung (Stichwort: „Gift-Cocktail für das Meer" [Kieler Nachrichten 10.5.95] oder „Dramatischer Kampf um eine verseuchte Bohr-Insel" [BILD 17.5.95]) konfrontiert. Diese Texte stammen von Greenpeace und werden auch von anderen Medien 1:1 übernommen. Die Glaubwürdigkeitslücke entsteht.

4. Davon unberührt erteilen die dafür zuständigen Behörden in Schottland die endgültige Genehmigung für die geplante Versenkung (10.5.95).

5. Greenpeace startet eine Protestbrief-Aktion gegen Shell (15.5.95).

6. Greenpeace verbreitet in den Medien, dass sich die Regierungen mehrerer europäischer Länder sowie führende Personen der EG gegen die Versenkung der Brent Spar ausgesprochen haben (20.5.95).

7. Greenpeace behauptet, dass die „Bohrinsel" gefüllt sei mit 41 000 Tonnen Öl, Schwermetallen, Uran etc. und erklärt diese zur „schwimmenden Sondermülldeponie" (später wird sich zeigen, dass es nur ca. 50 Tonnen Ölrückstände sind). Die Weigerung von Greenpeace, die Plattform zu verlassen und die Drohungen des Shellkonzerns werden von den Medien nach dem Muster „David gegen Goliath" publiziert und verstärken die Sympathie für Greenpeace in der deutschen Öffentlichkeit (22.5.95). Mit Polizeigewalt lässt Shell die Brent Spar räumen.

Der Widerstand gegen die Versenkung wächst: Die deutsche Umweltministerin Angela Merkel spricht sich gegen die Versenkung aus (23.5.95). Die Boykottaufrufe gegen Shell nehmen rasant zu (25.5. 95 ff.).

8. Die britische Regierung beharrt unbeeindruckt auf den Plänen zur Versenkung der Brent Spar (29.5.95). Greenpeace informiert die Autofahrer direkt vor ca. 300 deutschen Shell-Tankstellen. Der Boykott gegen Shell wird mittlerweile auch von politischen Parteien, Stadtverwaltungen etc. öffentlich artikuliert (3.6.95).

9. Der zweite Versuch der Besetzung der Brent Spar scheitert, die mitgefahrenen Journalisten berichten live: „Das NDR-Team muss sich während der Dreharbeiten in so eine Art Heldenrausch hineingesteigert haben. Mit sich überschlagender Stimme berichtet der Sprecher von der Wasserfront, an der endlich mal wieder klar war, wer gut und wer böse ist. David gegen Goliath live." [Berliner Zeitung, 24.6.95]. All diese Vorkommnisse werden von den Medien (deren beteiligte Vertreter sich nun selbst bedroht fühlen!) breit publiziert. Umfragen bestätigen die öffentliche Sympathie für Greenpeace und den großen Imageverlust von Shell in der Öffentlichkeit. Wiederholung der Besetzung der Brent Spar am 10.6.95 mit stark angewachsener Medienresonanz.

10. Zeitgleich zur Nordseekonferenz in Esbjerg veröffentlicht Greenpeace Daten über die Verschmutzung der Nordsee (8.6.95), die mit dem Problem Brent Spar gar nichts zu tun haben, aber in der Öffentlichkeit unter dem gleichen Rubrum wahrgenommen werden („Die Nordsee wird zur Müllkippe") (8.6.95).

11. Erste Drohungen gegen Shell-Tankstellen. Der Boykott greift. Alle deutschen Parteien äußern sich mittlerweile öffentlich gegen die Versenkung der Brent Spar („Rettung der Nordsee muss Chefsache werden" [Flensburger Tageblatt 12.6.05]). Die Medien rufen offen zum Boykott von Shell-Tankstellen auf (13.6.95).

Zwischenbilanz:

Unter PR-Perspektive stellt sich das Problem mittlerweile wie folgt dar: Es gab für die Öffentlichkeit ein nachvollziehbares Problem (Verschmutzung der Meere), es gab einen identifizierbaren Gegner (Shell), es entstand das Bild von ‚David-gegen-Goliath' („Mit Schlauchbooten gegen den Ölmulti Shell"), es gab eine einfache Botschaft und Lösung (Plattform nicht versenken!), es war einfach, sich an der Kampagne zu beteiligen (Boykott der Shell-Tankstellen!), es entstand ein hoher Nachrichtenwert (Bundeskanzler Kohl brachte das Thema sogar auf die Tagesordnung eines G7-Treffens), Greenpeace hatte ein Bildermonopol, das es bereitwillig mit den Medien teilte (Kamerateams auf Greenpeaceschiffen) und Greenpeace reagierte schnell und flexibel auf jede Veränderung der Situation: Als die Aktion nicht richtig anlief, gab man z. B. eine Umfrage bei Emnid in Auftrag, die belegt, dass 74 % der Bevölkerung und 85 % der Autofahrer bereit waren, Shell zu boykottieren (1.6.95). Erst danach (!) rufen auch Politiker und Medien dazu auf, Shell zu boykottieren (vgl. Deutsche Shell 1995: 13 ff. u. 42 ff. sowie Klaus 1997: 99 ff.).

12. Bombendrohungen gegen Shell-Tankstellen, in Walldorf wird auf eine Shell-Tankstelle geschossen. Die taz (15.6.95) persifliert den Konflikt unter dem Thema „Diese Menschen wollen Shell kaputtmachen" und zeigt die „Täter" mit Foto (Kohl, Waigl, Gysi, Zwickel, Merkel, Griefahn und Harald Juhnke). Brandanschlag auf eine Shell-Tankstelle, der Protest gegen Shell wird von allen Medien, allen Parteien und vielen Kommunen öffentlich und unverhohlen artikuliert (16.6.95). Der Evangelische Kirchentag verfasst hierzu sogar eine Resolution. Weitere Anschläge in Brandenburg und Hamburg (17.6.95).

13. Die Medien bemächtigen sich des Themas mittlerweile auch ironisch und signalisieren gerade dadurch, dass Shell „out" ist. „Erst wenn die letzte Shell-Tankstelle geschlossen ist und die letzte Plattform im Meer versenkt ist, werdet ihr merken, dass Greenpeace nachts kein Bier verkauft" (Flugblatt mit der Überschrift „Rettet die Shell-Tankstellen" in der Universität Kiel).

14. Auch in den Nachbarländern (Niederlande, Dänemark) werden Boykottdrohungen laut. Zwar mehren sich die Hinweise von Wissenschaftlern, dass die Entsorgung durch Versenkung in der Tat die umweltschonendste Art der Entsorgung darstellt; doch diese und andere Informationen dringen in den Medien nicht (mehr) durch.

15. Shell verzichtet unter dem mittlerweile auch auf andere europäischen Länder übergreifenden Druck auf die Versenkung der Brent Spar („Die Wut brachte die Wende" [DIE ZEIT 23.6.95]. Der britische Premier John Major, der bis zuletzt eine Versenkung befürwortet hatte, tritt vom Amt des Parteivorsitzenden zurück (22.6.95). Erste kritische Stimmen.

16. Im Nachhinein zeigt sich, das die vorgesehene Versenkung gleichwohl die umweltschonendste Art der Entsorgung gewesen wäre. Sehr besorgte Gegenstimmen werden laut. Öffentlich wird nun die bange Frage gestellt, ob dieser Fall der Lenkung

von öffentlichem Handeln nicht gar Pogromcharakter habe, Assoziationen zur „Reichskristallnacht" werden hergestellt.

Die hier skizzierte Krise ist ein exzellentes Lehrstück für Kommunikationskrisen und bestätigt viele der oben entwickelten Hypothesen:

- „Umwelt" ist in Deutschland ein Thema höchster Relevanz für alle Zielgruppen.
- Dass die Entsorgung der *Brent Spar* anstand und dass – wohlüberlegt und nachweisbar – eine Versenkung im Nordatlantik die umweltfreundlichste Lösung darstellt, war zu keinem Zeitpunkt kommuniziert worden.
- Stattdessen kommuniziert der Shell-Konzern fortlaufend Widersprüche (gleichzeitig: Kampagne zum Schutz der Umwelt versus Ankündigung der Versenkung), reagiert nicht auf Proteste und ruiniert damit kontinuierlich seine Glaubwürdigkeit.
- Greenpeace nutzt alle Mittel der Beeinflussung der Öffentlichkeit:
1. Erzeugung von Angst in der Bevölkerung durch maßlose Überziehung der durch Versenkung drohenden Gefahr (z. B. wird von 41 000 Tonnen Gift gesprochen, von denen hinterher nurmehr 50 Tonnen Ölschlamm übrig bleiben!),
2. Erhöhung der Betroffenheit durch „Sinn stiftende" Semantik („Bohrinsel" statt „Verladeplattform", „Nordsee" (i. e. vor der deutschen Haustür!) statt „Atlantik", „Schwimmende Sondermülldeponie" statt „leere Verladeplattform" etc.),
3. Anheizung des Konflikts durch gezielte und geschickt eingesetzte Publicity (bundesweite Aktions-PR, Ansprache aller Zielgruppen, „heldenhafter" Einsatz vor Ort, der die Assoziation „David gegen Goliath" neu belebt und starke Sympathien entfacht),
4. Einbindung der gesamten Politik durch Durchführung einer Umfrage, die eine bundesweite Bereitschaft zum Boykott deutlich macht,
5. Anleitung zum kollektiven und öffentlichkeitswirksamen Protest (Mailing-Aktionen, Aktions-PR),
6. gezielte Einbindung der Medien durch Herstellung von Betroffenheit bei den beteiligten Journalisten, die die Medien selbst parteilich werden lässt und
7. intensive Pressearbeit für ein Thema, das immer mehr an Relevanz zunimmt.

Im normalen Fall hätte der Kommunikationssaldo so funktioniert, dass Pro und Kontra der Kommunikation auch auf Pro (+) und Kontra (-) des Glaubwürdigkeitskontos eingezahlt hätten und dann ge-geneinander verrechnet worden wären (Abb. 2).

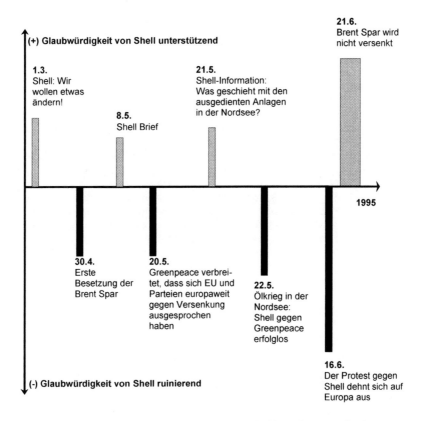

21.6.
Brent Spar wird
nicht versenkt

(+) Glaubwürdigkeit von Shell unterstützend

1.3.
Shell: Wir
wollen etwas
ändern!

8.5.
Shell Brief

21.5.
Shell-Information:
Was geschieht mit den
ausgedienten Anlagen
in der Nordsee?

1995

30.4.
Erste
Besetzung der
Brent Spar

20.5.
Greenpeace verbrei-
tet, dass sich EU und
Parteien europaweit
gegen Versenkung
ausgesprochen
haben

22.5.
Ölkrieg in der
Nordsee:
Shell gegen
Greenpeace
erfolglos

16.6.
Der Protest gegen
Shell dehnt sich auf
Europa aus

(-) Glaubwürdigkeit von Shell ruinierend

Abbildung 2: Normale Krisenkommunikation

Die frühe Zerstörung der Glaubwürdigkeit bewirkt aber, dass die von Shell als entlastend gedachte Kommunikation gar nicht mehr als solche wahrgenommen werden kann, weil die Definition der Situation längst stattgefunden hatte: Shell ist der Bösewicht und ein Bösewicht kann nichts Gutes tun. Wenn der Bösewicht also behauptet, er tue etwas Gutes, dann ist dies nur Propaganda und bestätigt geradezu, dass Shell ein Bösewicht ist (müsste er sonst Propaganda machen?). Die Kommunikation von Shell zahlt also nicht mehr auf ein Entlastungskonto ein, sondern zahlt, nun um ein Vielfaches schwerer wiegend, massiv auf das Belastungskonto ein (Abb. 3).

Dieser Effekt wäre möglicherweise nicht eingetreten, wenn die Medien ihre distanzierte Rolle gewahrt hätten. Aber auch Journalisten sind Menschen, die eher die Aktion als die Kontemplation schätzen, die vor allem Reportage vor Ort, Kommunikation von Authentizität für wichtig halten. Damit war es unmöglich, Gegenstimmen zu artikulieren, denn sie fanden nirgendwo Gehör. Zudem gelang es Greenpeace, so etwas wie eine Schweigespirale der (Un-)Vernunft in Gang zu setzen: Immer mehr und immer bedeutsamere Personen aus immer bedeutsameren Gremien signalisierten immer unverhohlener Zustimmung und Sympathie für „David", so dass die mehr oder minder totale Konsentierung resp. „Gleichschaltung" der Öffentlichkeit durch einen selbstverstärkenden Prozess, der von den Medien massiv unterstützt wurde, gelang: Greenpeace hatte es geschafft, zum Thema *Brent Spar* ein *Interpretationsmonopol* durchzusetzen, das zu diesem Zeitpunkt durch keinerlei Kommunikation von Shell mehr zu brechen gewesen wäre. Von daher (aber nur von daher!) war die Versenkung der *Brent Spar* die einzige Möglichkeit, das Kommunikationsmonopol von Greenpeace zu brechen und behutsam wieder zu einer aktiven (nicht: reaktiven) Kommunikation zurückzukehren. (Abb. 3)

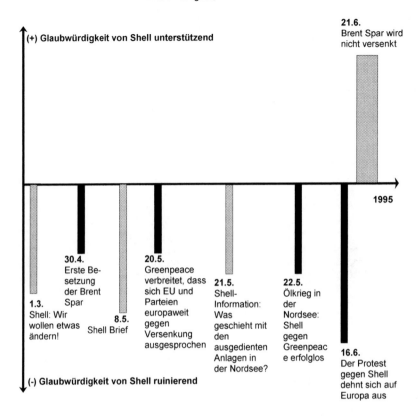

Abbildung 3: Reflexive (pathologische) Krisenkommunikation

Die hier beschriebene Krisenkommunikation von Shell ist patholo-gisch, d. h. sie bewirkt nicht das, was sie bewirken soll, sondern im Zweifelsfall exakt das Gegenteil. Und: Dieser Fall darf keinesfalls als extrem unwahrscheinliches Unikat verstanden werden, ganz im Gegenteil: Wenn die Feststellung „Menschen lernen aus der Ge-schichte, dass sie nichts aus der Geschichte lernen" (J. Samjatin) zutrifft, so muss man annehmen, dass sich die gleiche Situation bei gleichen Randbedingungen exakt so wiederholen würde. Aufgabe strategischer Krisen-PR wäre es daher, Elemente Krisen mindern-der PR auch für solche Fälle zu entwerfen, zu testen und sie dem jeweiligen Krisenplan beizugeben – um dennoch handeln zu kön-nen, wenn gar kein Handeln mehr möglich erscheint.

4. Funktionen von Krisen

Die Funktion von Krisen scheint zunächst in der Aufschiebung von Entscheidungen für Probleme zu bestehen, die in der Regel unerwartet auftreten und daher besondere Ansprüche auf sorgfältige Anamnese für sich beanspruchen. Gleichwohl wird die Anfertigung einer vertretbaren Entscheidung in gesetzter Frist bindend erwartet. Krisen setzen also den Betroffenen unter Druck, was auf dem Mikro-Level z. B. direkt in der erhöhten Adrenalin-Produktion sichtbar wird. Auf der Organisationsebene führt dies analog zu einer Radikalisierung des Denkens, zu einer tendenziellen Rückbesinnung und einer damit verbundenen *Neujustierung von Relevanz*, zum Zweifel an vielem, also: Zu einer nüchternen Bestandsaufnahme, zu der in Zeiten der Prosperität, des stetigen Erfolgs oder des unbeschwerten Glücks weder Anlass noch Gelegenheit gegeben sind.

Die jeweilige Krise markiert daher stets einen Zeitpunkt, in dem das bisher Gültige und Relevante einem mehr oder minder radikalen Controlling unterzogen wird und dies zugleich intensiv, unter Druck, ernsthaft, kritisch, denn in der Krise stehen auch das Scheitern, der Absturz als drohende Schatten vor der Tür. Zu prüfen ist mithin alles: Was hat sich geändert? Ist das, was früher richtig und wichtig war, auch heute noch richtig und wichtig? Was hat sich bewährt, was ist in Zweifel geraten? Gegenstand eines solchen Controlling sind zunächst die Basalstrukturen einer Organisation: Verhaltensweisen und Wissensbestände (How to do), des Weiteren Werte, Normen, Ziele und Relevanzen (How to think) und, last not least, Strategien der Entscheidung und Planung (How to decide).

Der Druck, insbesondere der Zeitdruck, der jeder Krise zu eigen ist, wird nun zum entscheidenden Vorteil: Er garantiert, dass das Aufräumen gründlich und ernsthaft betrieben wird, dass Fehler und Versäumnisse entdeckt, benannt und diskutiert werden, dass also ein *Lernen* am Objekt einsetzt. Dies ist eine Funktion, die in der Radikalität ihres Zugriffs nur der Krise zu eigen ist.

II. Krise und Kommunikationsauftritt

Im Zentrum der Kommunikation: Krisenmanagement

Die Krise: Ursachen und Wirkung

In Krisensituationen stehen Glaubwürdigkeit und Vertrauen in das Unternehmen, in sein Management, in seine Produkte und Dienstleistungen auf dem Prüfstand. Vorbeugende Maßnahmen zu treffen, um in einer akuten Situation möglichst großen Handlungsspielraum zu erhalten, das ist die Aufgabe von Krisenmanagement. Dabei stellt sich die Frage, welche Krisenverläufe es gibt, welche typischen Formen zu beachten sind und durch welche Krisentypen ein Unternehmen in organisatorischer, ökonomischer und kommunikativer Hinsicht besonders hohen Schaden erleiden kann.

Die Erscheinungsform von Krisen

Unterschieden werden im Wesentlichen drei Stufen von Krisenerscheinungsformen, nämlich Krisen, die

- plötzlich und überraschend auftreten,
- periodisch/wellenförmig akut zum Thema werden,
- bereits latent vorhanden sind und sich kontinuierlich verstärken. (Abb. 1)

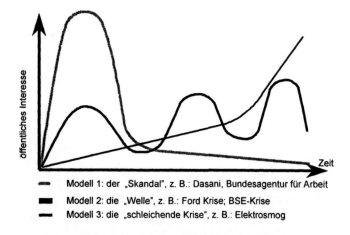

━━ Modell 1: der „Skandal", z. B.: Dasani, Bundesagentur für Arbeit

■■ Modell 2: die „Welle", z. B.: Ford Krise; BSE-Krise

━ Modell 3: die „schleichende Krise", z. B.: Elektrosmog

Abbildung 1: Erscheinungsformen von Krisen

Unabhängig vom spezifischen Verlauf kann in jeder Phase aktiv Einfluss auf die Krise genommen werden. Dies gelingt vor allem, wenn in allen Stadien einer Krise – vor allem aber während der Entstehung – Krisenmanagement als zentraler Aspekt der Kommunikation in Betracht gezogen und im Unternehmen ernst genommen wird.

Die überraschende Krise

Tritt eine schwierige Situation ein, deren Eintreffen und Zeitpunkt nicht einzuschätzen waren, handelt es sich um eine überraschende Krise. Dies ist die skandalträchtigste Situation, auf die die Medien in besonderer Weise ansprechen (vgl. dazu das Kapitel „Die akute Krise"). Schnell ist die Frage zu beantworten, ob es sich um eine akut beherrschbare oder unbeherrschbare Situation handelt.

Am häufigsten haben wir es bei einer überraschenden Krise mit Produktrückrufen zu tun. Plötzlich auftretende Defekte oder Fehler, die durch Verbraucher festgestellt werden, verlangen dabei minutiöses und unverzügliches Handeln, um Schäden für Verbraucher und für das Unternehmen zu begrenzen.

Das Beispiel einer professionellen Reaktion in einer akuten Krise ist der BMW-Mini: Wie so oft steckte der Teufel im Detail. Bei der Einführung in Deutschland im Jahr 2001 gab es einen Defekt am Tankeinfüllstutzen. Wegen einer fehlenden Masseleitung vom Kraftstoffschlauch zur Karosserie hatten in Großbritannien zwei Fahrzeuge sogar Feuer gefangen – verletzt wurde glücklicherweise niemand. Die Münchner Autobauer gingen ohne Zögern auf Nummer sicher. Sie schalteten jegliches Krisenpotenzial für den auch vom Wettbewerb viel beachteten Einstieg der Automarke in das Kleinwagen-Segment aus. Die Führungsmannschaft rief kurzfristig 530 ausgelieferte Fahrzeuge ins Werk zurück. Bei weiteren 7 000 Fahrzeugen wurde der Defekt kostenfrei behoben. Das rasche und entschlossene Agieren machte sich bezahlt: Sowohl vom Unternehmen als auch vom Verbraucher konnte nachhaltiger Schaden abgewendet werden; der Mini ist ein Verkaufschlager geworden und zwar ohne größeren Timelag.

Dagegen hatte die verspätete Reaktion im Falle der A-Klasse, die durch den „Elch-Test" Weltberühmtheit erlangt hat, finanziell ganz andere Auswirkungen. Erst nach einer Verzögerung von mehreren Jahren, die durch die Krise verursacht wurde, konnte der Automobilkonzern Daimler-Chrysler das Fahrzeug auch in finanzieller Hinsicht als Verkaufsschlager feiern.

Schon im Vorfeld des Erlebnisses eines Motorjournalisten, der auf einer Testfahrt in Schweden mit dem Wagen kippte und als direkt Betroffener die monatelange Berichterstattung aus der Taufe hob, war der Mangel vom Autobauer festgestellt worden. Aber er schuf keine Abhilfe: Das Medienfeuerwerk war nicht mehr aufzuhalten. Eine breit angelegte Rückrufaktion kostete das Unternehmen zusätzlich zu anfänglichem Verlust an Image und Marktanteilen enorme Summen, denn zunächst wurde eine Verteidigungsstrategie gefahren, die dem Konzern in der Öffentlichkeit schadete. Erst kurze Zeit später lenkte der Hersteller ein – musste nun aber das Sicherheitssystem ESP zur elektronischen Fahrwerkstabilisierung nachträglich kostenfrei einbauen. Geplant war diese technische Errungenschaft aber ursprünglich als kostenpflichtige Zusatzausstattung.

Die Journalisten als Hauptzielgruppe waren zwar bald versöhnt und lobten die Lösungsorientierung des Autobauers. Mercedes wurde durch die (ungewollte) Publicity für die neue Technik zum Technikleader für ESP, doch betriebswirtschaftlich hatte das Unternehmen weitaus höhere Konsequenzen zu tragen, als es zu Beginn der Krise einzuschätzen vermochte.

Gut beraten sind beherzt und schnell handelnde Unternehmen wie BMW mit dem Mini auch deshalb, weil das 1997 verschärfte Produktrückrufgesetz den Behörden erlaubt, bei Gefährdung der Verbraucher einen Produktrückruf zu verordnen. In solch einem Fall verliert ein Unternehmen schnell Einfluss auf den weiteren Verlauf des Krisenfalles – noch schlimmer, die Krise kann sich kaskadenartig ausbreiten und viele weitere Probleme nach sich ziehen, wenn Krisenmanagement und einheitlicher Kommunikationsauftritt (One-Voice-Policy) nicht mehr gewährleistet werden können.

Gerade Rückrufaktionen gehören zu den Themen, aus denen sich trefflich Unternehmenskrisen stricken lassen. Ein plötzlich auftretender Produktmangel, dessen Folgen möglicherweise spektakulär sein können, haben oft das „Zeug" zum Skandal. Denn: Ein hoher Anteil der Medien versteht sich als Anwalt des Verbrauchers, will Missstände aufdecken und prangert sie an. Schnell wird die Welt in „Verursacher" und „Opfer" geteilt.

Überraschende Krisen wie Umweltstörfälle, Produktmängel- oder -kontaminationen, der tödliche Unfall eines Prominenten oder gar Attentate haben darum auch meist den höchsten Grad an öffentlichem Interesse und erfahren entsprechend hohe Medienwirksamkeit. Eruptiv, spontan und oft gespeist von subjektiven Schilderungen und Eindrücken aus unterschiedlichsten Zielgruppen stellt diese Form der Krise den diffizilsten Fall dar und setzt ein Unternehmen unter erheblichen Druck.

Auch der französische Mineralwasserhersteller Perrier reagierte seinerzeit professionell: Als überraschend bekannt wurde, dass im Sprudel wegen eines technischen Vorfalls geringe Spuren von Benzol entdeckt worden waren, nahm der Hersteller konsequent weltweit 160 Millionen Flaschen aus dem Handel (Kosten des Rückrufs: 120 Millionen Mark!) – und das, obwohl Gutachten zeigten, dass zu keinem Zeitpunkt Gesundheitsgefährdungen für den Verbraucher bestanden. Die sofort eingeschlagene und offensiv kommunizierte Strategie, „Rücksicht auf die Qualität und Reinheit des Produkts zu nehmen" (Perrier-Präsident Gustave Leven), überzeugte selbst kritische Medien. Das Unternehmen wies mit diesem Vorgehen nach, dass es im Sinne seiner Konsumenten verantwortungsvoll handelt – gleichzeitig konnte Perrier ohne große Stillstände weiter arbeiten. Die erheblichen Kosten setzten dem Unternehmen damals zwar sehr zu. Die Folgekosten eines weniger konsequenten Verhaltens hätten jedoch ein Vielfaches an Kosten und an Erlöseinbrüchen erwarten lassen müssen.

Die wellenförmige Krise

Ein Paradebeispiel, in dem Managementskandal, Wettbewerbskrieg und der damit verbundene Vorwurf der Industriespionage einhergehen, ist die Affäre Lopez aus dem Jahr 1993. Dem als Hardliner bekannten Manager wurde vorgeworfen, bei seinem Wechsel von General Motors (GM) aus den USA zum Volkswagen-Konzern nach Wolfsburg Akten entwendet und Betriebsgeheimnisse seines ehemaligen Arbeitgebers verraten zu haben. GM ließ mit dieser Behauptung über viele Monate nicht locker, immer wieder berichteten TV, Hörfunk und Tageszeitungen in unregelmäßigen Abständen – das Krisenthema bewegte sich in Wellen, die Schlagzeilen ebbten aber nach kurzer Eskalation immer wieder ab.

Das Ende für Lopez als VW-Manager nahte, als die Polizei dann Durchsuchungen und Beschlagnahmungen vornahm. Die Kommunikation wurde zum Selbstläufer, und die Medien stürzten sich auf das Thema. Die Interviews mit enttäuschten und frustrierten Mitarbeitern machten schnell deutlich, dass Lopez in der Belegschaft nicht viele Freunde hatte. Der VW-Konzern drohte nachhaltigen Schaden zu nehmen. Die Führung war gezwungen, die Rückendeckung für Lopez aufzugeben, um fatale Folgen vom Konzern abzuwenden, sie trennte sich von dem Manager und konnte so Imageeinbußen abwenden.

Ein anderes Beispiel liefert die Deutsche Bank: Erstmals massiv in die Kritik geraten war das Unternehmen mit Hilmar Koppers „Peanuts-Affäre" im Zusammenhang mit der Kreditvergabe an Bauunternehmer Dr. Jürgen Schneider. Gemeint waren 50 Millionen Mark offener Rechnungen kleiner und mittelständischer Handwerksbetriebe in Relation zum Deutsche-Bank-Kredit von rund 1,2 Milliarden Mark. „Peanuts" avancierte zum Unwort des Jahres 1994, der Vorstandsvorsitzende hatte es unbedacht gewählt, die Folgen nicht abschätzend. Das Image des Geldinstitutes war über Jahre hinweg abgewertet. Auch die Abspaltung des Kleinkunden-Geschäfts von den „lukrativeren" Großkunden in die eigens gegründete Deutsche Bank 24 führte einige Jahre später zu kritischer Medienaufmerksamkeit im Hinblick auf die Unternehmensstrategie. Inzwischen wurde das Rad zurückgedreht, aber auch hier sind Wertvernichtung und Imagebeeinträchtigung in enormer Höhe zu verzeichnen.

Mit dem seit 2002 amtierenden Chef Josef Ackermann steckt die Deutsche Bank erneut in einem Dilemma – und hier vollzieht sich die wellenförmige Krise bilderbuchreif: Im Mannesmann-Prozess 2004 führte das unüberlegte und einseitig interpretierte Victory-Zeichen des Vorstandsvorsitzenden zu einer strengen Hinterfragung von Ethik und Leistungsgerechtigkeit in den Führungsetagen der deutschen Wirtschaft. Verlust von Souveränität und Identität wurden der Deutschen Bank in der ZEIT im Februar 2004 vorgeworfen. Und dies bedeutete auch im Hinblick auf den erheblichen Fusionsdruck, den die Bundesregierung zeitweise öffentlich ausübte, trotz guter Zahlen eine schwer wiegende Positionsschwächung.

Ende Mai 2004 folgte der nächste Eklat: Aus dem Hause Deutsche Bank tauchte ein Papier auf, das den Wert der Postbank im Zuge des geplanten Börsenganges im Juni statt mit 6 Milliarden Euro mit lediglich 4,4 bis 5,3 Milliarden Euro ansetzte. Ein neuerlicher Skandal vor dem Hintergrund, dass alle am Börsengang beteiligten Geldinstitute sich verpflichtet hatten, keinerlei Prognosen zu veröffentlichen. Dazu kam die Last der Vorwürfe, dass sich die Deutsche Bank gleichzeitig mit der Akquisition der Postbank befasse. Die Folgen: erheblicher Image- und Glaubwürdigkeitsverlust – auch international, und für die Bank zudem mit dem drohenden Verlust künftiger luk-rativer Mandate für Aktienplatzierungen verbunden.

Nächstes Kapitel: Anfang Juni 2004 formierten sich die Kleinaktionäre und „attackierten" Josef Ackermann, weil das Gesamtbild des Instituts in der Öffentlichkeit in hohem Maße leide. Sie klagten in der Hauptversammlung eine entschiede-nere Führung ein. Mittlerweile scheint nicht mehr relevant, wo die Wahrheiten liegen, sondern dass weitere Wellen vermieden werden, um neuerliche Eskalationen und Konsequenzen zu vermeiden. Eine gewaltige Aufgabe im Hinblick auf Positionie-rung, Leitbild und Kommunikation steht der Bank bevor.

Die schleichende Krise

Eine dritte Kategorie sind die schleichenden Krisen, bei denen der überwiegende Teil ihrer Entstehungsgeschichte der Öffent-lichkeit verborgen bleibt. Die Krisenpotenziale bauen sich langsam auf, bis sie schließlich den Schwellenwert zur Nach-richt überschritten haben und zum „wichtigen" Thema werden. Dieser schleichende Krisenverlauf ist auf Grund seiner stetigen Entwicklung überaus resistent gegen schnelle Lösungsversuche, da die eigentliche Konfliktbewältigung über einen langen Zeit-raum verschleppt wird. Schwelende Krisen, wie die Diskussion um mögliche Krebsrisiken durch Elektrosmog, können viel komplexer und in der Folge schwieriger zu „handeln" sein als solche mit einem hohen Grad an öffentlichem Interesse. Grund: Der Zeitpunkt der Eruption ist meist unvorhersehbar. In den USA gibt es bereits Aktivitäten, das Thema Elektro-Smog direkt auf Branchen wie den Mobilfunk zu übertragen, und auch in Deutschland ist die Branche darauf vorbereitet, sich dem Thema zu stellen.

Krisenursachen

Seit den neunziger Jahren haben sich bestimmte Krisenursa-chen als besonders häufig und besonders gefährlich herausge-stellt. Frank Roselieb vom Institut für Krisenforschung in Kiel stellt hierzu fest, dass jede dritte Krise durch Medienberichter-stattungen ausgelöst wird. Dabei steht an erster Stelle das Fehl-verhalten von Unternehmen, danach Aktionen von Bürgeriniti-ativen. Störungen in Produktionsprozessen lösen jede fünfte Krise aus.

Alle diese Krisen sind nur schwer vorhersehbar und in der Regel nicht kurzfristig zu beherrschen. Mit der Veränderung unserer Gesellschaft hinsichtlich digitaler und elektronischer Medien und der Beschleunigung von Informationen, immer heftiger umkämpften Märkten bei zunehmendem Preisverfall, durch das weltverbindende Internet und schlicht durch zu-nehmende Armut sowie politische Entwicklungen kristallisieren sich immer neue Risiken heraus, auf die sich Unternehmen frühzeitig einstellen sollten.

Das September-11-Syndrom tut ein Weiteres: Weltweit sind Unsicherheit und Ängste gewachsen, seit deutlich wurde, zu welch weitreichenden Schritten Terroristen in der Lage sind. Die Bedrohung durch Fanatiker ist jedem von uns stets be-wusst.

Der Grad an Öffentlichkeit steigt in der Regel mit der erupti-ven bzw. spontanen Krisensituation. Hohe Publizität und Me-dienpräsenz gehen damit einher. (Abb. 2)

hoher Grad an Öffentlichkeit

	Umweltstörfall	Attentate/Terror-
	initiierter Ökoskandal	akte
Managementskandal		tödlicher Unfall
	Produktkontamination	Manager
Werksschließung Gesellschafter-	Produktrückruf	
zwist	PR- und Wettbe-	Demonstration/
Gerüchte	werbskriege	Besetzung

latent/strukturell   Kreditsperre   *eruptiv/„spontan"*

gesetzliche Einschränkung   einstweilige Verfügung
Handlungsspielraum
                                     Fehler im Planfeststellungsverfahren

        Industriespionage
                                     Produkterpressung

                niedriger Grad an Öffentlichkeit

Modifiziert nach ECC KohtesKlewes

Abbildung 2: Krisenursachen und Öffentlichkeit

43

Welche Krisen gibt es?

Die Vielzahl möglicher Krisen ist in der Abbildung 2 dargestellt. Einige Erscheinungsformen sind in der Praxis aber häufiger oder intensiver anzutreffen als andere und werden daher im Folgenden näher erläutert.

Produktrückrufe

Häufige Erscheinungsform von Krisen sind Produktrückrufe in Folge von technischen Mängeln oder Kontamination. Fast täglich werden Waren, die ein Sicherheitsrisiko für den Benutzer oder Verbraucher bedeuten, vom Markt genommen. Insbesondere im Automobilbereich wird von den Unternehmen häufig eine aktive Rückrufaktion ausgelöst – allein in der zweiten Juniwoche 2004 war in den deutschen Zeitungen von vier Produktrückrufen führender Automobilhersteller zu lesen, 113 Rückrufe wurden im Jahr 2001 vom Kraftfahrt-Bundesamt gezählt – der Verbraucher ist inzwischen daran gewöhnt, wegen immer komplizierterer Elektronik und einer enorm gestiegenen Vorsicht der Branche, Rückrufmeldungen zu lesen.

Doch mangelhafte Produkte finden sich querbeet durch alle Branchen, egal ob Lebensmittelhersteller, Haushaltsgerätehersteller oder Kosmetikhersteller. Immer bedeuten Rückrufaktionen erhebliche Kosten, die weiteren Schaden verursachen. Untersuchungen von www.krisennavigator.de zufolge ziehen Produktionsstörungen in 50 % aller Fälle einen materiellen Schaden in Millionenhöhe nach sich.

Die Rechtslage – aktive Information unumgänglich

Um Unterlassungen eines erforderlichen Rückrufes seitens der Unternehmen zu vermeiden und vor allem um den Verbraucher zu schützen, gibt es das Produktsicherheitsgesetz, das im Jahre 1997 verschärft wurde:

Es handelt sich dabei neben dem Produkthaftungsgesetz Prod-HaftG, dem Gentechnologiegesetz GenTG, dem Lebensmittelgesetz LMBG und der anhängigen Novellierung des Europäischen ProdHaftG um das wichtigste Gesetz im Hinblick auf Krisenkommunikation bei Produktkontaminationen und -mängeln. Ziel ist der Schutz der Verbraucher vor kontaminierten Produkten.

Um kontaminierte oder mangelhafte Produkte handelt es sich demnach, wenn vom Produkt erhebliche, mit der Art der Verwendung nicht zu vereinbarende und bei Wahrung der jeweils gültigen und anerkannten Regeln der Technik nicht hinnehmbare Gefahr für die Gesundheit und Sicherheit von Personen ausgeht. „Gefahr im Verzug" beschreibt dabei den Sachverhalt, der eintritt, wenn die Behörde resp. die Polizeidienststellen nicht eingreifen würden. Die Behörden haben das Recht, auf Grund ihrer objektiven Einschätzung aktiv zu werden. Dazu werden weder Spezialwissen noch eine realistische Einschätzung des Gefahrenpotenzials vorausgesetzt. Geregelt werden behördliche Befugnisse zur Regulierung des Inverkehrbringens von kontaminierten Produkten und der Schutz von Produkten vor möglicher Kontamination – hinsichtlich der Warnung von Verbrauchern und der allgemeinen Öffentlichkeit vor kontaminierten Produkten – sowie eine allgemeine Verkehrssicherungspflicht. Der Hersteller hat also zu handeln, sobald sich Anhaltspunkte für eine drohende Gefährdung der Verbraucher ergeben.

Am 1. Mai 2004 trat das neu eingeführte Verbraucherschutzgesetz, das Geräte- und Produktsicherheitsgesetz (GPSG) in Kraft, das alle bisherigen Regelungen erneut verschärft. Den Herstellern von Verbraucherprodukten werden zusätzliche Pflichten auferlegt, wenn die Erzeugnisse auf den Markt gebracht werden. Der Verwender muss über alle vom Produkt ausgehende Gefahren informiert werden. Er muss wissen, wie er diese zu beurteilen hat und wie er sich schützen kann. Die Angabe von Name und Adresse des Herstellers ist zur Identifizierung vorgeschrieben.

Das neue GPSG schreibt u. a. vor:

- den Aufbau eines Sicherheitsmonitorings für jeden Hersteller,
- allgemeine Verbraucherinformation bei aufgetretenen Sicherheitsmängeln,
- Rücknahme gefährlicher Produkte vom Markt,
- Unterrichtung der Behörden durch Hersteller oder Händler,
- Anbringung der CE-Kennzeichnung,
- erweiterte Verwendungsmöglichkeiten des GS-Zeichens,
- Zusammenspiel zwischen Sicherheit und technischer Normung,

Damit geht ein Paradigmenwechsel im Handel mit gebrauchten Produkten, d. h. auch Maschinen, einher.

Die Behörden haben gemäß dieser Regelung folgende Rechte:

- behördliche Anordnung der Verpflichtung zur Warnung durch den Hersteller,
- eigene Warnung durch die Behörden bei Gefahr im Verzug.

Ob Buchhandel, Maschinenbau oder Textilindustrie, mit der Auslegung dieser gesetzlichen Vorgabe und der Folgen für die Abläufe in den Unternehmen setzen sich im Jahre 2004 alle betroffenen Branchen auseinander.

Für die Krisenkommunikation bedeutet die aktuelle Rechtslage: Aufgrund des kleinen Zeitfensters für Absprachen in der Krisensituation muss jederzeit davon ausgegangen werden, dass Behörden von der Möglichkeit Gebrauch machen, die Bevölkerung/Verbraucher zu warnen. In diesem Fall bleibt dem Hersteller nur noch, reaktiv zu agieren, er selbst sitzt nicht am Hebel.

Die Möglichkeit der Behörde, ohne Spezialkenntnisse und/oder Informationen des Herstellers aktiv zu kommunizieren, birgt dabei weiteres Krisenpotenzial, denn: Die Polizei hat nicht die Aufgabe, das Unternehmen oder den Hersteller vor möglichen materiellen oder Image beeinträchtigenden Schäden zu schützen. Sie bezieht sich stets auf die Verpflichtung, den Verbraucher schützen zu müssen.

Was kann im Falle eines Falles passieren? Mit einer behördlich veranlassten Rückrufaktion werden beispielsweise Servicetelefone der Polizei angeboten. Im Fall der vergifteten Thomy-Mayonnaise 1997 überließ Nestlé das „Sorgentelefon" den Behörden. Die Folge: Einer der Beamten gab einem verängstigten Käufer vor einem Millionenpublikum im Fernsehen den Hinweis, doch einfach alles von Thomy wegzuschmeißen. – Für den Lebensmittelkonzern eine fatale Aussage! Dem Hersteller wird hier die Möglichkeit genommen, als verantwortungsbewusstes Unternehmen seine Verbraucher aktiv und umfassend oder zumindest mit den zuständigen Behörden abgestimmt zu informieren.

Die Warnung seitens der Behörden könnte zudem Vorwürfe gegen den Hersteller provozieren, dieser habe nicht verantwortungsvoll gehandelt, sondern das Eingreifen der Behörden abgewartet. Für die Behörden selbst hingegen ist eine von ihnen veranlasste Rückrufaktion zum Schutz der Verbraucher Image fördernd; auch die Polizei ist an guter Presse interessiert – freilich in ihrem Sinne!

Die Rechtsprechung fordert bei Produktkontamination vom Hersteller eine aktive umfassende Informationspolitik gegenüber Handel und Verbraucher. Dabei ist es egal, ob es überhaupt zu weiteren Schritten wie z. B. einem Produktrückruf kommen muss.

Eine enge Kooperation mit den Behörden ist darum unabdingbar – und die Mehrheit besonders gefährdeter Wirtschaftsunternehmen wie z. B. die Lebensmittelindustrie pflegen intensiv Kontakt. Auf professioneller Ebene entwickeln sie mit der Polizei gemeinsam Szenarien, stimmen Krisenpläne ab und haben meist einen kurzen Draht zueinander aufgebaut. Nur so ist zu erreichen, dass es im Fall des Falles zu strukturierter Kooperation und nicht zu einer wenig beeinflussbaren Einschränkung der Handlungsfreiheit kommt. Vor allem börsennotierte Unternehmen sind gut beraten, unkontrollierten Rückrufaktionen vorzubeugen, um mögliche Kursverluste zu vermeiden, denn eigeninitiierte Meldungen über die Marke helfen, das Steuer in der Hand zu behalten.

Fallbeispiel:
Ford-Firestone – Krise aus den USA

Das folgende Beispiel zeigt, welche Eskalationsstufen und welche Dauerschädigung für Reputation und Marke entstehen, wenn Unternehmen im Falle von erheblichen Produktmängeln falsch reagieren.

Er rollt und rollt – der Reifenskandal rund um Ford in den USA und die amerikanische Tochter Firestone des japanischen Konzerns Bridgestone. Schon seit dem Jahr 2000 sorgt der Skandal um technisches Versagen des Ford Explorer mit Todesfolgen konsequent für Schlagzeilen.

Rückblende: Sommer 2000. Bei Unfällen mit dem Ford-Explorer kommen 62 Menschen ums Leben, über 100 werden zum Teil schwer verletzt. Vermutete Unfallursache: Reifenpannen. Firestone reagiert umgehend mit einer Rückrufaktion von 6,5 Millionen Reifen. Wenig später müssen die Firmenchefs von Ford, Jacques Nasser und der Chef von Bridgestone/Firestone, John T. Lampe, vor dem Ermittlungsausschuss des US-Senats zur Unfallserie aussagen. Ein Desaster: Beide Manager beschuldigen sich gegenseitig, für die Unfälle verantwortlich zu sein.

Damit beginnt eine der dramatischsten Auseinandersetzungen in der Geschichte der US-Automobilindustrie. Ford wie Firestone verunglimpfen den vermeintlichen Gegner vor laufenden Kameras und dokumentieren in aller Öffentlichkeit die zwischen den Konzernen herrschende Stimmung. Ihre Gesichter verraten, was für beide Unternehmen auf dem Spiel steht. Es geht um den Ruf zweier Weltmarken – und es geht um Milliarden. Beide wollen unbedingt vermeiden, dass ihre Produkte öffentlich für den Tod von Menschen verantwortlich gemacht werden.

Sie ergreifen die Flucht nach vorn – wenn auch mit gegensätzlichen Strategien: Während Firestone darauf hofft, dass die Bevölkerung die Rückrufaktion als verantwortungsvolles Handeln anerkennt, setzt Ford darauf, durch öffentliche Beschuldigungen des Geschäftspartners den eigenen Kunden glaubhaft zu machen, selbst Opfer zu sein, seine Verbraucher aber schützen zu wollen. Faktisch allerdings wird die Verantwortung hin- und her geschoben – keiner der Parteien demonstriert nach außen Schuldbewusstsein oder macht die Fehlersuche objektiv nachvollziehbar.

Inzwischen steigt die Zahl der Unfallopfer auf 88 Tote und 250 Verletzte. Ford sieht sich mit 100 Einzelklagen konfrontiert, Bridgestone/Firestone verzeichnet zum Jahresende 2000 einen Gewinneinbruch von 80 %. Zeitgleich stürzen die Aktien um mehr als 50 % ab. Auch für Ford nimmt das Unfall-Debakel unübersehbare Folgen an. Der Konzern sieht sich durch den öffentlichen Druck zu einer Rückrufaktion des „Explorer" gezwungen. Kosten: 500 Millionen US-Dollar. Der Verkauf des landesweiten Bestsellers geht um mehr als 20 % zurück, der Aktienkurs auf Talfahrt.

Den nächsten Höhepunkt erreicht die Krise im Mai 2001: Nachdem Ford unbeirrt Firestone die alleinige Schuld für die Unfälle zuschreibt, kündigt Bridgestone/Firestone dem Autohersteller die fast 100-jährige Partnerschaft. Firestone lehnt weiter jegliche Verantwortung für die Unfälle ab und geht in die Medienoffensive. Der Reifenhersteller legt ein Gutachten vor, wonach die Bauweise des „Explorer" und nicht der Reifen für die Unfallserien verantwortlich sei. Ford wiederum kündigt die Auswechslung weiterer 13 Millionen Firestone-Reifen an.

Den Kunden wird versprochen, dass Ford aus Fehlern gelernt habe. Das Unternehmen bietet seinen Kunden kostenlos 30 Tage Testfahrten mit einem neu bereiften Ford Explorer an. Doch: Die Unfallserie geht weiter!

Längst hatten sich über die Internet-Seite „FordandFirestone-Fiasko" Opfer bzw. deren Angehörige „formiert". Hier konnten Informationen über Rückrufaktion, Hotline-Nummern, Kontaktstellen und eine Dokumentation der Ereignisse sowie Presseclippings abgerufen werden. Über eine E-Mail-Adresse für Betroffene waren eingehendere Probleme ansprechbar und Dokumentationsfotos wurden gesammelt. Für Ford-Firestone USA ein Desaster. Ein Desaster, das in der Folge auch zu Management-Wechseln führte.

Die Anhörung zu den Unfällen vor dem Kongress-Ausschuss in Washington und die zu erwartenden Schadenersatzklagen der Opfer nahmen ihren Lauf.

Auch das US-Verkehrsministerium hatte nicht locker gelassen. Im Juli 2001 fordert es Firestone zu einer weiteren Rückrufaktion auf. Der Reifenhersteller weigert sich. Trotz der Rückendeckung des Ford-Konkurrenten General Motors – der zuständige Geschäftsführer erklärt, dass Firestone ein geschätzter Zulieferer sei und dass es mit deren Reifen keine Sicherheitsprobleme gäbe – muss das Unternehmen einen weiteren Rückschlag hinnehmen – die Bridgestone-Aktie fällt um weitere 15,7 %, der Vorstand wird ausgewechselt.

Der finanzielle Schaden für beide Unternehmen ist erheblich - allein für Ford etwa zwei Milliarden Euro. Auf welche Summe der Imageverlust für beide Marken zu beziffern ist, darüber kann nur spekuliert werden. Durch eine besonnene Krisenkommunikation hätte das Desaster eingegrenzt werden können.

Im Internet bieten Anwaltskanzleien in den verschiedenen Regionen Anlaufadressen unter www.injuryboard.com für Klagen gegen Ford an. Eine Autofahrerin, die sich 2002 mit einem Ford Explorer überschlug, sorgte noch im Juni 2004 für Schlagzeilen. Vor Gericht machte ihr Anwalt geltend, dass Sicherheitsingenieure bereits vor längerer Zeit darauf hingewiesen hatten, dass einige technische Veränderungen notwendig seien, um die inzwischen als „Ford Explorer Rollover" bekannten Fahrzeuge stabiler zu machen. Doch die Kosten für diese Änderung des Verkaufsschlagers mit fünf Millionen verkauften Exemplaren seit 1990 wurden gescheut.

Ford muss Schadenersatz zahlen

Explorer-Fahrerin erhält nach Unfall weitere 246 Millionen Dollar [...]

Nach Ansicht der Geschworenen hatte Ford die Warnungen seiner Ingenieure ignoriert, wonach Probleme beim Explorer zu Überschlägen führen könnten, wie die lokale Zeitung «Union Tribune» am Donnerstag berichtete. Der 49-jährigen Frau waren zuvor bereits 122,6 Mio. Dollar zugesprochen worden. Die Mutter von zwei Kindern war im Januar 2002 schwer verletzt worden, als sie mit ihrem Geländewagen einem Hindernis ausweichen wollte. Ihr Explorer hatte sich bei dem Manöver überschlagen, dabei wurde das Dach des Wagens weggerissen. Die Frau erlitt Verletzungen an der Wirbelsäule, die zur Lähmung führten. Das Urteil in San Diego ist gemäß dem Zeitungsbericht die erste Niederlage von Ford in einer Serie von Klagen wegen ähnlicher Unfälle mit dem Explorer.[1]

Das Statement von Ford-Sprecherin Kathleen Vokes zum Urteil bestand darin, dass sie auf der Sicherheit des Modells insistierte. Sie kündigte an, den Explorer aggressiv zu verteidigen. Die gegnerische Partei ihrerseits versprach, die Öffentlichkeit intensiv vor dem Explorer zu warnen, der eben nicht die versprochene Sicherheit biete.

Fazit: Die Jahre während Beharrungsstrategie und Behauptung, der Explorer sei technisch sicher, hat eine wellenförmige Krise verursacht, die immer wieder spektakuläre Nachrichten zur Folge hat. Die Meinungsführerschaft in dieser tödlichen Angelegenheit liegt längst nicht mehr beim Autokonzern. Fast 400 Millionen Dollar hat allein das Unfallopfer aus dem Jahre 2002 zugesprochen bekommen – die Summe aller Entschädigungen kann mit Milliardenbeträgen angesetzt werden.

Besonders zu Anfang der Krise hätte das Informationsbedürfnis der Öffentlichkeit durch eine offensive Kommunikation von Ford und Firestone Meinungsvorsprung geschaffen und einen Rechtfertigungszwang verhindert. Mehr noch: Die Unternehmen hätten im weiteren Verlauf der Krise mehr Einfluss nehmen können, wenn sich die Topmanager von Ford und Firestone nicht in gegenseitigen Verbalattacken öffentlich der Sympathie oder des Verständnisses beraubt hätten. Es geht um Menschenleben, ohne Wenn und Aber. Immer tiefer „reitet" sich Ford in die Defensive, Gegner und Anwaltskanzleien formieren sich, Untersuchungsausschüsse und Gerichte machen

---

1   NZZ-Online vom 4. Juni 2004 10:27.

den Skandal öffentlich. Und: Das Ende der Krise ist auch vier Jahre nach den ersten Unfällen nicht absehbar!

Ein hochkarätiges Krisenteam hätte folgende Lösungen entwickeln können: Folgenabschätzung der Kosten für eine technische Überarbeitung des Ford Explorer im Verhältnis zum Risiko, weitere Menschenleben zu gefährden, hohe Opferentschädigungen einzuplanen, Kursverluste hinzunehmen, einen Rückgang der Verkaufszahlen zu verzeichnen und erheblichen Imageschaden zu erleiden. Wirtschaftliche Interessen wären zunächst in den Hintergrund getreten.

Aber mit den Botschaften:

- „Wir haben den Explorer noch sicherer gemacht".
- „Verkaufsschlager Explorer mit neuer Sicherheitstechnik".
- „Wir tun alles technisch Machbare zum Schutz unserer Kunden".
- „Wir haben dazu gelernt".
- „Wir haben unsere Qualitätsregeln um xy verbessert".

hätte Ford die Medienaufmerksamkeit in positivem Sinne beeinflusst und Meinungsführerschaft in Sachen Sicherheitstechnik geschaffen. Für die Kommunikation mit den Zielgruppen wäre ein nachhaltiges Themensetting möglich gewesen. Der „Verkaufsschlager" Explorer fände zusätzlich Kunden. Der gezielte Dialog und die Information der Teilöffentlichkeiten hätten damit einen positiven Ausgangspunkt.

Die Strategie, mit einem anderen Erfolgsmodell von sich Reden zu machen, scheiterte im Übrigen: Mit dem Ford Focus landete man in den USA zunächst einen Überraschungserfolg als meist verkaufter PKW der USA. Doch auch dieser Triumph fand ein jähes Ende: Neun Rückrufaktionen innerhalb kurzer Zeit (sich grundlos öffnende Airbags, Räder lösten sich etc.) schadeten Ford erneut.

Übrigens: In Deutschland gab es nicht einen einzigen Rückruf – das USA-Management versprach, sich mit den Europa-Standards in der Produktion zu beschäftigen. Ein Analyst äußerte in der Financial Times Deutschland zu den Vorgängen:

„Ford hat ein Imageproblem, das zu beheben eine Frage von vielen Jahren ist – wenn es überhaupt gelingt."

Legitimationsverstöße aktiennotierter Unternehmen

Hierbei handelt es sich um einen Verstoß gegen das Wertpapier-Handelsgesetz (WpHG) – das Stichwort heißt „Insider-Wissen" – der schwer bestraft wird und der immer zu öffentlicher Aufmerksamkeit führt.

Kern des Gesetzes ist die „Informationspflicht börsennotierter Unternehmen", sofern dem Unternehmen Nachrichten vorliegen, die das „Potenzial haben, den Börsenkurs zu beeinflussen". Angesprochen sind ausschließlich Unternehmen, deren Wertpapiere öffentlich gehandelt werden, also Aktien oder Unternehmensanleihen. In der Praxis erfolgt zunächst die Identifikation und Bewertung der Information im Hinblick auf ihre Relevanz. Dabei ergibt sich die Klassifikation der Information aus § 15 des Wertpapier-Handelsgesetzes. Bei der Information muss es sich demnach um eine „Tatsache" (keine Vermutung, Möglichkeit, Absicht etc.) handeln, die eine „wirtschaftliche Wirkung" zur Folge hat. Diese muss nicht unmittelbar eintreten, sondern kann auch auf die Zukunft gerichtet sein (neues Patent, Vertriebskooperation, Personalabbau etc.).

Zweiter Schritt ist die Einordnung der Vertraulichkeit und des informierten Kreises. Sofern sich aus der Identifikation und Bewertung eine „kursrelevante Tatsache" ergibt, handelt es sich um eine „Insiderinformation". Es stellt sich dann die Frage: Wer ist Insider und welche rechtlichen Pflichten ergeben sich aus der Situation? – Bei den Insidern unterscheidet man zwischen „Primärinsidern" und „Sekundärinsidern". „Primärinsider" sind beispielsweise:

- der Vorstand,
- der Bereich Finanzen/Rechnungswesen,
- der Aufsichtsrat,
- ggf. die Personalleitung,
- ggf. die Vertriebsleitung,
- ggf. die Forschungsleitung,

- ggf. die Rechtsabteilung und eigentlich immer die
- Investor-Relations- und Kommunikationsverantwortlichen.

Kennzeichnend für den Primärinsider ist die „direkte bzw. unmittelbare" Kenntnis der „kursrelevanten Tatsache". Der Primärinsider ist (gem. § 13 WpHG) zur absoluten Vertraulichkeit verpflichtet und darf, sobald er Kenntnis von der Insiderinformation erlangt, keine Wertpapiere kaufen oder verkaufen. Erst wenn die fragliche Tatsache allen zugänglich ist, z. B. durch eine Ad-hoc-Mitteilung, darf er wieder handeln. Verstößt er dagegen, so macht er sich des Insiderhandels strafbar. Darüber hinaus darf er niemanden (auch nicht Freunden, der Familie, Mitarbeitern etc.) diese Information weitergeben oder diese zu Aktionen (Kauf oder Verkauf) veranlassen.

Informiert ein Primärinsider einen Dritten, z. B. einen Mitarbeiter, dann handelt es sich um einen „Sekundärinsider". Sekundärinsider sind somit mittelbar informierte Personen (z. B. Rechtsanwälte, Berater, Wirtschaftsprüfer oder Mitarbeiter). Informiert wiederum der Primärinsider solche Personen, so ist er verpflichtet, sie genau über die Situation zu unterrichten und Aktivitäten auszuschließen. Gesetzt den Fall, ein Analyst oder Journalist würde vorzeitig über einen Merger informiert, so muss er vorher darüber in Kenntnis gesetzt werden, dass er in den Verpflichtungsstatus des Insiders gerät.

Der Insiderkreis muss so klein wie möglich gehalten werden, um die Kontrolle zu behalten. Ziel des Wertpapier-Handelsgesetzes ist, Chancengleichheit für alle Marktteilnehmer sicherzustellen und zu vermeiden, dass Eingeweihte schneller als andere Aktionäre auf anstehende Kursveränderungen reagieren können.

Diesen Vorgaben kann man heute sehr schnell gerecht werden. Denn: Das digitale Zeitalter erlaubt die parallele Information von Öffentlichkeit und Mitarbeitern. Gängig ist es mittlerweile, wenige Minuten vor einer Betriebsversammlung auf den Knopf des elektronischen Meldesystems zu drücken und damit die Nachricht (Ad-hoc-Meldung) über den „Ticker laufen zu lassen".

Aus juristischer Sicht ist es entscheidend, dass das Unternehmen den Nachweis erbringen kann, dass die „kursrelevante

Tatsache" zunächst der gesamten Öffentlichkeit „gleichzeitig zugänglich gemacht" worden ist. Wann der einzelne Aktionär diese Nachricht dann aufnimmt, liegt nicht mehr im Verantwortungsbereich des Unternehmens.
Ein Verstoß gegen das Gesetz kann fatale Folgen haben: Manager und angesehene Prominente geraten dann schnell in Verruf und – vor Gericht, wie der folgende Artikel darlegt:

Infomatec-Prozess: Verteidigung fordert Freispruch des Ex-Managers [...]

Häfele soll nach Auffassung der Anklage den Aktienkurs des Neue-Markt-Unternehmens Infomatec erst mit falschen Ad-hoc-Meldungen in die Höhe getrieben und dann durch den Verkauf eigener Aktienpakete rund 15 Millionen Euro Gewinn gemacht haben. Der Schaden für die Anleger wird auf rund 250 Millionen Euro geschätzt. Der mitangeklagte Infomatec-Gründer Gerhard Harlos war im November 2003 nach einem Teilgeständnis wegen Insiderhandels zu einer zweijährigen Bewährungsstrafe und zu einer Geldstrafe in Höhe von 9 000 Euro verurteilt worden. – Häfeles Verteidiger lehnen eine solche Verständigung der Verfahrensbeteiligten auf ein mildes Urteil bei einem Geständnis ab und wollen einen Freispruch erreichen. Einen Insiderhandel habe es nicht gegeben, weil die „Bereichsöffentlichkeit" durch Mitteilungen informiert gewesen sei. Häfele habe die Aktientransaktion nicht auf Grund von Insiderwissen vorgenommen. Außerdem sei der Vorwurf des Kursbetruges nicht zu halten, „da keine Manipulationsabsichten oder egoistischen Tendenzen" zu erkennen seien. Auch die angebliche Verbreitung falscher Ad-hoc-Meldungen durch den ehemaligen Infomatec-Vorstand wies die Verteidigung zurück. Der Zusammenbruch der Infomatec war eine der ersten Pleiten am Neuen Markt nach dem Aktienboom vor mehr als drei Jah-

ren. Die Firma entwickelte Software für interaktives Fernsehen. Die Infomatec-Aktie war zunächst von 27 Euro auf den damaligen Höchststand von über 290 Euro gestiegen und schließlich auf vier Cent abgestürzt. Das Unternehmen musste Insolvenz anmelden. [2]

Mit einem Vergehen gegen die Insider-Wissen betreffenden Vorschriften geraten in der Regel Einzelpersonen in den Mittelpunkt öffentlichen Interesses. Spektakulärster Fall waren in diesem Zusammenhang wohl die Haffa-Brüder mit der am Neuen Markt notierten EM-TV-Aktie. Sie meldeten in einer Ad-hoc-Mitteilung falsche Umsatzdaten und wurden zu hohen Geldstrafen verurteilt – um eine Haftstrafe kamen sie herum. Doch: Das für sie so wichtige Ansehen in der Welt der Erfolgreichen nahm insbesondere bei Kleinanlegern, aber auch bei einer breiten Öffentlichkeit erheblichen Schaden.

Fazit: Der Vorschrift der „Ad-hoc-Mitteilung" zufolge darf ein Unternehmen nur wahrheitsgemäße Informationen veröffentlichen. Jede Falschaussage wird behördlich verfolgt und schadet auf lange Frist dem Unternehmen, dem Kursverlauf und der Führung. Die Kommunikationsveranwortlichen selbst können hier nur auf das Prinzip der Transparenz, der Offenheit und der Wahrheit verweisen. Eine wissentliche Irreführung, ein Legitimationsverstoß, ist nur schwer im öffentlichen Ansehen zu reparieren.

Ausnahmezustand der Sonderklasse: Produkterpressung

Die Produkterpressung ist eine von einem oder mehreren Tätern angedrohte Manipulation eines Produktes und wird zur Schwerstkriminalität gerechnet. Schätzungen zufolge ist Deutschland Weltmeister in dieser Disziplin; weit über 50 Fälle werden jährlich als ernst zu nehmend betrachtet. Doch nach Aussagen von Experten des Bundeskriminalamtes haben glück-

---

2   dpa-online vom 27.04.2004 14:48.

licherweise nur sehr wenige Täter die Kraft, ihr Vorhaben konsequent umzusetzen. Meist handelt es sich um arbeitslose Menschen, die z. B. aus Frust über ihre Entlassung ihren ehemaligen Arbeitgeber angreifen. Mehr als die Hälfte aller Bedrohungen erleiden dabei Markenartikelunternehmen (v. a. Lebensmittelhersteller) und der Handel.

Aufgabe von Krisen-Kommunikation ist es hier, durch Abstimmung zwischen Krisenteam und Behörden eine öffentliche Wahrnehmung so lange wie möglich zu vermeiden. Die Ermittlungen im Erpressungsfall sollen nicht behindert werden. Externe Kommunikationsaktivitäten finden erst dann statt, wenn für den Verbraucher Gefahren zu erwarten sind. Doch nur wenige Produkterpressungen erweisen sich tatsächlich als gefährlich, sind dann aber auch spektakulär, weil die Erpresser brutal und rücksichtslos vorgehen.

Nach Erkenntnissen des Hessischen Kriminalamtes gehen mit der Erpressung einher:

- Schaden durch Geldforderung,
- sehr hoher Schaden durch öffentlichkeitswirksame Begleitumstände und logistische Folgen der Erpressung,
- Schwierigkeit einer Einschätzung der Wahrscheinlichkeit des Schadeneintritts – daraus folgt die Gefahr der falschen Reaktion,
- der Erpresser ist meist ein Denker- und Spielertyp, der aus der Anonymität heraus arbeitet – er kann über Wochen das Tagesgeschäft eines Unternehmens lahm legen,
- Spezialkenntnisse sind nicht erforderlich, der Täter kann von überall anonym arbeiten und sein materieller Aufwand ist gering.

Für die Kommunikation auf Unternehmensseite sind die nachstehenden Aspekte zu beachten, denn mit der Drohung des Täters sind folgende Problemstellungen verbunden:

- Das Sicherheitsgefühl der Bevölkerung wird durch die Medien stark beeinflusst.
- Medien suchen skandalträchtige Themen.

57

- Neue Medien und neue Techniken erschweren die Rückverfolgbarkeit.
- Dem Unternehmen droht erheblicher wirtschaftlicher Schaden durch Imageverlust, zurückgehende Nachfrage, Rückrufaktion, Produktersatz, Schadensersatzleistungen, etc.
- Das Unternehmen muss erlittenen Schaden und Makel bei unglücklicher Krisen-PR weiterhin tragen.
- Der Einfallsreichtum und die Kreativität des Täters halten die ermittelnden Behörden, das Unternehmen und die Medien auf Trab.

An erster Stelle eines Erpressungsversuches befasst sich das Krisenteam mit einer Bedrohungsanalyse:

- Ist die Erpressung ernst zu nehmen?
- Wie ist die Planungsqualität des Erpressers einzuschätzen?
- Welche Rückschlüsse auf die Gefährlichkeit des Täters sind möglich?
- Ist die angekündigte Drohung prinzipiell umsetzungsfähig?
- Welcher Schaden kann auf die Marke zukommen?
- Gibt es Organisations- und Zeitfehler?
- Sind die Medien oder Teilöffentlichkeiten bereits involviert?
- Welche Gefahren sind absehbar?

Handelt es sich nach Analyse dieser Fragen um einen tatsächlichen Krisenfall, so sind unverzüglich die Behörden einzuschalten. Alle Schritte werden fortan gemeinsam besprochen.

Einer der spektakulären Fälle, die öffentlich wurden, ereignete sich zwischen August 1996 und September 1998. Ein arbeitsloser Deutsch-Rumäne erpresste das Unternehmen Nestlé. In neun Fällen hatte der Mann Tuben mit Senf oder Mayonnaise durch Blausäure-Zyanid kontaminiert – alle Tuben konnten aber sicher gestellt werden. Seine Forderung lautete über 15 Millionen Dollar in Diamanten. Das Gericht verurteilte ihn zu elf Jahren Gefängnisstrafe.

Unter dem Decknamen „Robin Food" erpresste ein Ehepaar von 1998 bis 1999 denselben Konzern. Die Täter versahen Produkte mit Spuren von Insektenvernichtungsmitteln, kennzeichneten sie mit Warnhinweisen und legten sie in vorher genannten Supermärkten aus. Die Rolle der Medien in diesem Fall: Sie veröffentlichten die Ankündigungen, die die Erpresser außer an das Unternehmen auch an sie verschickt hatten. Hohe Gefängnisstrafen waren letztlich die Quittung für die 8,4-Millionen-Mark-Erpressung.

Die Rolle der Kommunikation bei Produkterpressung

Meist wird im Ernstfall ein externer Kommunikationsberater mit erfahrenem PR-Team und Back-Office eingeschaltet. Schaden für die Marke abwenden, das ist hier die wesentliche Aufgabe der PR. So lange es vertretbar ist, wird Publizität vermieden. Erst wenn es tatsächlich zu Aktionen kommt, durch die Medienaufmerksamkeit entsteht, tritt das Unternehmen auch nach außen kommunikativ auf. Die genaue Abstimmung mit dem involvierten Pressesprecher der Polizei ist jederzeit oberstes Gebot. Der (möglichst stressresistente) Kommunikationsberater ist in der heiklen Phase ununterbrochen an Bord.

Als Erstes wird festgelegt, welche Informationen publiziert werden dürfen. Alle Instrumente einer aktiven internen und externen Kommunikation werden individuell zusammengestellt (vgl. das Kapitel „Die akute Krise"). Besonders dringlich ist das Erstellen von Medienlisten v. a. in den geografischen Gebieten, in denen der Erpresser androht, die Presse zu informieren, falls seine Forderungen nicht erfüllt werden. Die Medien müssen schnell ansprechbar sein. Oft gelingt es, ein Stillhalteabkommen mit den Chefredaktionen zu vereinbaren, indem auf die Gefährdung der Ermittlungen hingewiesen wird.

Weitere kontinuierlich Aufgabe für den Kommunikationsberater ist die permanente Abstimmung von Statements sowie von Fragen- und Antwortkatalogen (FAQ) mit der Polizei. Wenn es zu einer Verhaftung kommt, so wird in der Regel von der Polizei eine Pressekonferenz durchgeführt. Auch hier spielt der Kommunikationsberater der Unternehmensseite eine wichtige Rolle im Hinblick auf die Pressemeldung, die Pressemappe und die Vorbereitung eines Statements. Die direkte Ansprechbarkeit eines gut vorbereiteten Unternehmensvertreters sorgt dafür, dass der Marke in der Berichterstattung Platz eingeräumt wird. Auf solche Situationen kann man sich vorbereiten: An den Industrie- und Handelskammern betreiben Landeskriminalämter Aufklärungsarbeit: Sie beraten Manager in Fragen der Krisenplanung und schulen sie auf Erpresserhandlungen hin. Einige Kommunikationsberater trainieren Krisenteams oder Manager im professionellen und souveränen Umgang mit derartigen Situationen. Dabei werden konkrete Fälle simuliert. Ein Team bestehend aus PR-Berater, Rechtsberater, Sicherheitsberater, Journalist und Medientrainer sollte ein solches Training begleiten.

Der Wettbewerbskrieg

Gezielte Wettbewerbsangriffe bauen darauf auf, dem Konkurrenten auf geschickte Weise so zu schaden, dass er Marktanteile abgeben muss. Hintergrund sind oft die wirtschaftliche Rezession, der zunehmende Wettbewerbsdruck und der Preisverfall in vielen Branchen. Mittel, die zur Anwendung kommen, um einem Unternehmen aus wirtschaftlichen Interessen heraus zu schaden können etwa sein: Gerüchte, die vorgeben, einen weitreichenden Missstand aufzudecken oder Vorwürfe, dem Verbraucher werde Schaden zugefügt. Dies sind die Wegbereiter für diffizile Krisensituationen. Wichtigstes Ziel des Initiators: breite Aufmerksamkeit und Erzeugen von Negativschlagzeilen.

Fallbeispiel:

Warsteiner – ein Unternehmer wehrt sich

Ein Beispiel, wie sich ein Unternehmen erfolgreich gegen ein inszeniertes Gerücht zur Wehr setzte, ist die Warsteiner Brauerei. Um den Bierhersteller aus dem Sauerland rankten sich ab 1994 zunächst sporadisch, dann jedoch immer häufiger Gerüchte, dass der Inhaber Albert Cramer in enger Verbindung zur Scientology-Sekte stehe. Diese Geschichte wurde v. a. in Norddeutschland verbreitet. Am 15. Mai berichtete schließlich „Die Welt" darüber. Zwar konnte nicht herausgefunden werden, ob ein Wettbewerber oder ein Fachgroßhändler aus dem hohen Norden diese Geschichte gezielt in den Markt gebracht hatte, aber der Unternehmer reagierte bald mit intensiven Kommunikationsmaßnahmen, um der Gerüchteküche Herr zu werden.

Albert Cramer machte diese Anschuldigungen „offensichtlich von Neid" getriebener „Rufmörder" öffentlich. Er schaltete im Oktober großformatige Anzeigen (Spiegel, Focus), mit Schwerpunkt auch in norddeutschen Tageszeitungen wie dem Hamburger Abendblatt. Mit der Headline „Rufmörder gesucht" ging er die Vorwürfe aktiv an. Im Anzeigentext dementierte er ausdrücklich „jede Art von Verbindung zu der Sekte und anderen fragwürdigen Gruppierungen", und zwar nachdem alle Führungskräfte seines Unternehmens dies auch schriftlich erklärt hatten und er so von einer gesicherten Information ausgehen konnte. Die Öffentlichkeit forderte er darin zur aktiven Hilfe bei der Suche nach den Urhebern „der heimtückischen Verleumdung" auf.

Die hohe Aufmerksamkeit nutzte der Firmenlenker zusätzlich für Interviewangebote und Statements. Gleichzeitig nutzte er die Medien-Awareness, um die Markenwerte der Brauerei Warsteiner hervorzuheben. Darüber hinaus kamen unabhängige Dritte zu Wort: Der Vorsitzende der Aktion Psychokulturen schloss eine Mitgliedschaft in der Sekte öffentlich aus, und auch die Sprecherin der Hamburger Scientologen bestätigte, dass Cramer nicht Mitglied sei.

Das aktive bisweilen sogar aggressiv wirkende Vorgehen sicherte Warsteiner nicht nur Aufmerksamkeit und Sympathie in der Öffentlichkeit (und sorgte für eine zusätzliche Imageprofilierung), auch die Gerüchte verstummten kurze Zeit später. Umsatzeinbußen musste das Unternehmen eigenen Aussagen zufolge nicht hinnehmen.

Exkurs – Manager im Krisen-Fokus

Im folgenden Beitrag beleuchtet Dr. Heike Schiffler eine Krisenursache, die an Aktualität kaum zu überbieten ist: Deutschlands Top-Manager im Spiegel der Meinungen und die zunehmende Angreifbarkeit von Führungskräften im Chefsessel:

Heike Schiffler
Gesicht zeigen oder Kopf einziehen?

Kommunikationschancen und -risiken für Top-Manager im Umgang mit Medien

> *Wer weiß, wann innezuhalten ist, gerät nicht in Bedrängnis.*
> *Lao Tse*

1. Die PET-Formel

Das Medieninteresse an den führenden Köpfen der Wirtschaft ist in den vergangenen Jahren immens gewachsen. Kommunikation als Managementaufgabe ist im Business heutzutage obligatorisch.[1] Insbesondere Konzernvorstände werden gern zum Objekt der Berichterstattung erwählt. Dabei agieren Medien nach der **PET**-Formel: Sie fordern die **P**ersonalisierung[2] und **E**motionalisierung von

---

1   Markus Will, „Warum funktioniert Unternehmenskommunikation nicht wirklich gut?", in „Kommunikationsmanager" I 2004, S. 40–42, fordert: „Kommunikation gehört in die Managementlehre"; nicht automatisch steht der Anforderung die erforderliche Kompetenz gegenüber. PR Report 5/2004, White Paper Hamburger Dialog 2004, S. 7.

2   Der Vorstandsvorsitzende der Deutschen Bahn AG erklärt das Phänomen ausufernder Personalisierung in den Medien mit dem Schuldprinzip; eine Person lässt sich für ein Geschehen verantwortlich machen. Gespräch mit Hartmut Mehdorn, „Ich erlebe oft Situationen, in denen Leute mich attackieren", in Deekeling/Barghop (Hrsg.) 2003, S. 90.

63

Themen bei Unternehmen ein und bearbeiten diese für ihre Leser, Hörer oder Zuschauer nach dem Prinzip der Trivialisierung bzw. Vereinfachung. Medien erwarten völlig selbstverständlich von Unternehmen die Bereitschaft, Menschen vor die Kamera zu stellen, die ihnen so genannte O-Töne liefern. Für die Firmen ist das Chance und Risiko zugleich. Für die Personen bedeutet es, dass ihre fachliche Qualifikation zwar vorausgesetzt, aber oft geringer beachtet wird als ihre mediale Performance.

Immer häufiger suchen ihrerseits namhafte Manager die Öffentlichkeit und positionieren sich als Markenartikel. Sie engagieren sich mit innovativen Themen und Perspektiven in wirtschafts- und gesellschaftspolitischen Diskussionen für ihre Unternehmen. Was dazu antreibt, ist das Ziel, Vertrauen und Glaubwürdigkeit[3] zu erlangen, zunächst für sich selbst und im Rahmen eines Imagetransfers für das Unternehmen und seine Produkte. Der Glamour um die eigene Person mag die Attraktivität, im Fokus des öffentlichen Interesses zu stehen, noch erhöhen. Dass zwischen dem Ruf des Top-Managers und dem Image des Unternehmens ein statistisch nachweisbarer Zusammenhang besteht, bestätigt eine aktuelle internationale Studie.[4] Bei dieser Personality-PR werden jedoch nicht selten Treiber zu Getriebenen und Macher zu hilflosen Opfern. Wer einmal Medienaufmerksamkeit genießt, darf sich keine Blößen geben, kann sich nicht die kleinste Verfehlung leisten und muss sich ausnahmslos unter Kontrolle haben. Andernfalls wird der Vorstandssessel leicht zum Feuerstuhl:

(Der CEO) wird zum Interpreten seiner selbst, und im Publikum sitzen jede Menge Kritiker, die rezensieren und Haltungsnoten geben. Er muss also aufpassen, was er sagt, und wissen, wie er es gemeint haben könnte. Er muss darüber hinaus wissen, wie er es sagt und dass Beweise gefordert werden. Das Publikum ist misstrauisch geworden.[5]

Eine anspruchsvolle Aufgabe für eine starke Persönlichkeit. Auch wenn Qualitätssicherungs- und Frühwarnsysteme so ausgefeilt wie möglich sind, Krisenmanagementprozesse und professionelle

---

3   Egbert Deekeling, „Die Inszenierung des CEO", in Deekeling/Barghop (Hrsg.) 2003, S. 64.

4   Prof. Dr. Lothar Rolke, FH Mainz, www.fh-mainz.de/presse/forpro.htm (Studie noch unveröffentlicht).

5   Egbert Deekeling, „Die Inszenierung des CEO", in Deekeling/Barghop (Hrsg.) 2003, S. 63.

,Strippenzieher' im Hintergrund bestens funktionieren – wenn der Kopf des Unternehmens sich zeigen muss, hängt alles vom Moment seines Auftritts ab. Ob er als Person überzeugt, Sympathie erzielt oder die Ablehnung von Medien und breiter Öffentlichkeit auf sich zieht, entscheidet über Ansehen und (Börsen-)Wert des Unternehmens. Ein Unternehmen empfiehlt oder disqualifiziert sich durch seinen CEO. Wem fällt da nicht sofort Hilmar Kopper ein, der sich als einstiger Deutsche-Bank-Vorstandssprecher angesichts von zweistelligen Millionenverlusten kleiner Handwerksbetriebe mit seinen „peanuts"[6] nicht nur im Wort vergriffen hat. So war er zwar in aller Munde und eine Zeit lang auf dem Bildschirm von Millionen Zuschauern, hat dafür aber das Vertrauen vieler Bankkunden verspielt.

2. Problemfelder

Man kann auf Dauer Produkte nur verkaufen, wenn man einen guten Ruf hat.[7]

Diese Erkenntnis wird nicht von allen Top-Managern durchgängig befolgt. Stattdessen zeigen sie in der medialen Öffentlichkeit ein Verhalten, das sowohl Journalisten als auch Lesern und Zuschauern als eitel, arrogant und ignorant erscheinen kann. Sie opfern ihre Integrität einer Inszenierung für die Medien und begreifen die Unternehmen, für die sie tätig sind, als Quelle zur „Selbstbedienung"[8]. Dann allerdings wundern sie sich, welche Reaktionen ihnen entgegenschlagen. Dabei sind sie es, die offensichtlich nicht verstehen, „welches Publikum sie vor sich haben"[9]. Einige Beispiele aus jüngster Zeit zeigen, wie weit sich Top-Manager mit ihrer Selbstinszenierung von ihrem gesellschaftlichen Umfeld und von ihren Gefolgsleuten im Unternehmen entfernen können und zu welchen gravierenden Schwierigkeiten das führen kann. Dem lässt sich entgegensteuern – wenn man es nur will.

---

6   Pressekonferenz der Deutschen Bank am 25.4.1994.

7   Alfred Herrhausen (1930–1989), ehemaliger Vorstandssprecher der Deutschen Bank, zitiert nach Frank Roth, in „Horizont", 22.1.2004.

8   Frank Roth, in „Horizont", 22.1.2004.

9   Stefan Wachtel 1999, S. 17.

Entfremdung zwischen Wirtschaft und Gesellschaft

Mit sukzessivem Erfolg und Erklimmen der Karriereleiter werden die Spitzen der Unternehmen immer einsamer und verlieren ihren Instinkt für das richtige Kommunikationsverhalten in kritischen Situationen. Mehr und mehr von Schmeichlern, Angsthasen und Ehrgeizlingen umgeben, kommt ihnen im Zuge ihres Aufstiegs nicht selten ihr Urteilsvermögen und damit der Bezug zur gesellschaftlichen Realität abhanden.

Im Mannesmann-Gerichtsverfahren, das sich mit der Rechtmäßigkeit der Abfindungen an ausscheidende Vorstandsmitglieder im Zuge der Übernahme des Unternehmens durch Vodafone im Jahr 2000 beschäftigte, ist der Vorstandsvorsitzende der Deutschen Bank, Josef Ackermann, gleich durch zwei kommunikative Handlungen in der Öffentlichkeit aufgefallen, die sowohl sein Ansehen als auch das des Finanzplatzes Deutschland anhaltend beschädigt[10] haben.

Anders als das Gericht, das ausschließlich die juristische Seite des Vorgangs prüfte, konzentrierte sich die intensive Mediendiskussion auf die Frage, ob insgesamt 100 Millionen Mark Erfolgsprämien und Abfindungen noch leistungsgerecht und moralisch vertretbar seien. Beleidigt beschwerte sich Ackermann Journalisten gegenüber: „Das ist das einzige Land, wo diejenigen, die erfolgreich sind und Werte schaffen, deswegen vor Gericht stehen."[11] Und weiter: „Ich weiß gar nicht, wo da strafrechtlich ein Problem liegen soll."[12] Dass die Zahlungen aus seiner Sicht keinerlei strafrechtliche Relevanz besitzen, brachte er mit seiner Aussage kommunikativ auf den Punkt. Er verkannte jedoch ihre verheerende gesellschaftliche Bewertung. Stellvertretend für viele Meinungsäußerungen, die in unmittelbarer Reaktion erfolgten, sei hier die von Olaf Scholz angeführt, damals SPD-Generalsekretär, der von einer „Verhöhnung der arbeitenden Menschen in Deutschland"[13] sprach. „Statementfalle" nennt Wachtel das Phänomen, das Ackermann widerfahren ist:

---

10 Einen Schaden für den Wirtschaftsstandort Deutschland wollen übrigens 26 Prozent der Top-Entscheider dem „Elite-Panel" der Zeitschrift Capital zufolge nicht erkennen, 7/2004 (18.–31.3.2004), S. 14.

11 „Der Spiegel", 26.1.2004, S. 51.

12 Klaus Wieking/Martin Bell, in „Werben & verkaufen", 30.1.2004, S. 28.

13 ARD-Talkrunde „Sabine Christiansen", 1.2.2004.

Die Statementfalle steht überall dort, wo Führungskräfte forsch in eine Situation hineingehen, in der sie nicht führen und sich dennoch so aufführen.[14]

Am 21. Januar 2004 ließ sich Josef Ackermann im Gerichtssaal zu einem „Victory"-Zeichen hinreißen. Seine PR-Abteilung hatte ihn auf die öffentlichen Verhandlungen vorbereitet und dabei seinen Charme und seine Überzeugungskraft in den Vordergrund gestellt. Selbstbewusst und respektvoll zugleich sollte er auftreten.[15] Unabhängig davon, was wirklich den Anlass zu dieser Geste gegeben hat – das kann außer den Beteiligten Klaus Esser, ehemaliger Vorstandsvorsitzender von Mannesmann, und Josef Ackermann ohnehin niemand mit Sicherheit sagen – wurde sie „als kommunikativer Offenbarungseid erster Klasse"[16] bewertet. Die Unfähigkeit, kommunikativ angemessen zu reagieren, dauerte an und erstreckte sich auch auf die Kommunikationsabteilung des Unternehmens, die den Medien gegenüber nicht zu einer Erklärung bereit war.[17] Ganze 15 Tage brauchte es, bis Ackermann am 5. Februar 2004 in der Bilanzpressekonferenz der Deutschen Bank sein Verhalten entschuldigte. „Seine Anwälte hätten ihm geraten, sich stehend und möglichst locker zu unterhalten."[18]

Dass seine nonverbale Geste nicht nur allzu locker, sondern auch zu einem Ausrutscher geriet, lag vor allem daran, dass sie in einem räumlich-situativen Kontext erfolgte, der die Interpretation als siegesgewissen Triumph über den Ausgang des Verfahrens nahe legte: „Das hohe Roß des Managers ist nichts zum Vorzeigen im Fernsehen. So etwas verzeiht die Öffentlichkeit nicht."[19] Wenn die Geste in einem anderen Zusammenhang erfolgt ist, wie Ackermann behauptet hat, dann hatte er im fraglichen Moment schlicht vergessen, wo er sich befand, und dementsprechend die Situation nicht unter Kontrolle. Die guten Ratschläge seiner Kommunikationsabteilung gingen möglicherweise auch deshalb ins Leere, weil Ackermann sich vermutlich zu wenig bewusst darüber war, dass er nicht nur während der formellen Verhandlungen unter aufmerksamster Beobachtung stand, sondern auch während der

---

14 Stefan Wachtel 1999, S. 16.

15 „Der Spiegel", 26.1.2004, S. 51.

16 Andreas Severin, Managing Partner der Agentur „Crossrelations", in „Werben & verkaufen", 30.1.2004, S. 28.

17 Klaus Wieking/Martin Bell, in „Werben & verkaufen", 30.1.2004, S. 29.

18 Frankfurter Allgemeine Zeitung, 6.2.2004.

19 Stefan Wachtel 1999, S. 51.

informellen Zeiten vor dem Verhandlungsbeginn oder in den Pausen. Und diese Beobachtung erstreckte sich nicht nur auf Gesagtes, sondern auch auf Mimik und Gestik, die der Situation hätten angemessen sein müssen.

Grundsätzlich stellt sich allerdings die Frage, ob die kommunikativen Aspekte im Rahmen des Risikomanagements bei der Vorbereitung auf das Gerichtsverfahren überhaupt ausreichend berücksichtigt worden sind. Denn immer wieder entstand in seinem Verlauf der Eindruck, dass die Rechtsberatung ausgiebig, hingegen die gesellschaftliche Dimension in diesem Fall potenzieller Wirtschaftskriminalität nicht genügend bedacht worden ist. Angesichts aktueller Massenentlassungen, Verkürzungen der Arbeitslosengelder und Unsicherheiten der sozialen Sicherungssysteme lag es auf der Hand, dass die Zahlung exorbitant hoher Prämien in Medien und Bevölkerung als zumindest diskussionswürdig erachtet wurde. Insgesamt kann inzwischen kein Zweifel mehr darüber bestehen, dass die sozial-kommunikative Kompetenz von Ackermann für die Deutsche Bank zu einem ebenso starken Thema geworden ist wie seine Entscheidung in der Sache, den Abfindungen zugestimmt zu haben.

Nicht zuletzt hängt die Reputation des Unternehmens maßgeblich von der Kommunikation ihres Spitzenmanagers ab, die im konkreten Fall zumindest zu einer Missinterpretation geführt hat[20].

Wie die Markenberatung Publicis Sasserath feststellte, beobachten und kritisieren fast zwei Drittel der Deutschen das Verhalten der Vorstandsvorsitzenden und messen daran auch das Unternehmen.[21]

Von den Eliten der Wirtschaft und Politik wird erwartet, dass sie mit gutem Beispiel vorangehen und gesellschaftlich konsensfähige Werte vertreten. So sieht es auch der Präsident des Bundesverbandes der Deutschen Industrie (BDI) Michael Rogowski:

Das Zusammenleben der Menschen funktioniert nur, wenn es einen Grundkonsens gibt über das, was man tun und lassen sollte. Eliten haben hier eine besondere Vorbildfunktion, ... Ich persönlich kann die Höhe der Abfindungen nicht nachvollziehen. Das ist für mich aber eine moralische Kategorie, keine juristische. Natür-

---

20 Markus Will/Edgar Löw, „Markt und Meinung für Kapital und Reputation. Das Zusammenspiel von Reputations- und Wertmanagment in der Unternehmensführung", in „prmagazin" 10/2003, S. 47–52.

21 Medien Tenor Forschungsbericht Nr. 143, April 2004, S. 51.

lich muss Erfolg belohnt werden – allerdings in nachvollziehbarer Relation zur Leistung.[22]

In der Praxis mag ein unterschiedliches Verständnis darüber bestehen, wodurch sich ein vorbildliches Verhalten auszeichnet und für wen man Vorbild sein will. Wie sich das Gerichtsverfahren auf die Reputation des Vorstandssprechers der Deutschen Bank auswirkte, lässt sich am besten in den Medien ablesen: Bereits vor diesen kommunikativen Krisenereignissen bildete Ackermann im „Manager-Barometer"[23], das monatlich die Berichterstattung über Konzernführer bewertet, mit einem Anteil von 50 Prozent negativer Aussagen im Zeitraum vom 16.12.2003 bis zum 15.1.2004 das Schlusslicht. In den folgenden vier Wochen hat sich die negative Berichterstattung über Ackermann zwar um drei Prozentpunkte verringert, allerdings blieb er auch in der Zeit vom 16.1. bis zum 15.2.2004 auf der letzten Position des Manager-Barometers, was explizit auf den Mannesmann-Prozess zurückgeführt wird.[24] Deutlicher könnte der Hinweis darauf kaum sein, dass der Spitzenbanker Ackermann in den Medien keine Zustimmung für seine inhaltlichen Positionen fand. In einer Gesamtbetrachtung las sich das wie folgt:

Der Ruf ist erst einmal ruiniert, doch deshalb lebt es sich für Ackermann noch lange nicht ungeniert. Im Gegenteil, zwei Jahre an der Spitze haben ausgereicht, um aus dem strahlenden Gewinnertypen, der die Deutsche Bank mit einer bisher nicht gekannten Machtfülle regiert, einen Getriebenen zu machen.[25]

Derart im Rampenlicht stehend, wirft auch die Anzeigenkampagne der Deutschen Bank, die seit Februar 2004 in Wirtschafts- und Politikmagazinen erscheint, Schatten auf ihre Reputation. Insbesondere der Claim „Leistung aus Leidenschaft" provozierte Ablehnung und erschien im Zusammenhang mit hohen Managergehältern und Abfindungssummen unglaubwürdig.[26] Es reicht nicht, Emotionen in Texten zu beschwören, wenn die Sensibilität der in einem Unternehmen handelnden Personen für die Befindlichkeiten der Gesell-

---

22 Michael Rogowski im Interview mit Christian Ramthun und Christopher Schwarz, in „Wirtschaftswoche", 15.4.2004, S. 36.

23 Capital, 4/2004 (5.– 8.2.2004), S. 11.

24 Capital, 6/2004 (4.–17.3.2004), S. 11.

25 M. Maisch/C. Potthoff, in „Handelsblatt", 3.6.2004.

26 Thomas Forster, in „Werben & verkaufen", 2.4.2004, S. 26.

schaft bzw. der Menschen in ihrem Umfeld fehlt; wenn das Verhalten des Unternehmensrepräsentanten nicht mit den Werbeversprechen des Unternehmens an die Kunden in Einklang steht; wenn sie sich nicht den geltenden Spielregeln und Werten unterwerfen. Und es reicht nicht, zu behaupten „Wir denken schneller und scharfsinniger. Mit führender Kompetenz, detaillierten Einblicken und herausragenden Lösungen"[27], wenn Verhalten und Handeln eine völlig andere Sprache sprechen.

Hinzu kommt, dass die Deutsche Bank ihre Werbeversprechen mit den Unzulänglichkeiten im eigenen Haus geradezu konterkariert. Wenn ihr Werbeversprechen lautet, „Erfolg ist die Summe richtiger Entscheidungen"[28], dann assoziieren vor allem Finanz- und Kommunikationsexperten die falschen kommunikativen Entscheidungen, die Ackermann während des Gerichtsverfahrens gezeigt hat. Ähnlich verhält es sich mit dem Werbeversprechen „Wesentliches Sehen"[29]: Ackermann hat den entscheidenden Zusammenhang seiner V-Geste übersehen. Weiter konnten Werbung und Wirklichkeit, d. h. Markenwelt und öffentliches Auftreten bzw. Erscheinungsbild des Unternehmens, nicht auseinander liegen. Glaubwürdigkeit und Verlässlichkeit des Unternehmens haben unter dem Bild, das die Person abgegeben hat, extern wie intern gelitten.[30] Die Deutsche Bank hat sich von der Gesellschaft, in der sie existiert, entfernt. Das hat sie inzwischen auch erkannt: „Die Reputation der Bank ist im Moment nicht dort, wo sie hingehört."[31] Es bleibt allerdings verborgen, was sie dagegen unternimmt.

Erst einmal goss Ackermann bei der Hauptversammlung der Deutschen Bank am 2. Juni 2004 weiteres Öl ins Feuer. Rechtfertigungsaussagen, wie z. B. „Der Wettbewerb bestimmt weitgehend die Preise für die Besten der Welt"[32] und „Sicher ist aber, dass ich nicht der höchstverdienende Mitarbeiter der Deutschen Bank bin"[33], forderten geradezu Kommentare wie diesen heraus:

---

27 Deutsche Bank Anzeigenmotiv „Katzenauge", in „Wirtschaftswoche", 22.4.2004.

28 Deutsche Bank Anzeigenmotiv „Schachbrett", in „Der Spiegel", 8.3.2004.

29 Deutsche Bank Anzeigenmotiv „Katzenauge", in „Wirtschaftswoche", 22.4.2004.

30 Editorial von Thomas Rommerskirchen, in „prmagazin" 6/2004, S. 5.

31 Tessen von Heydebreck, Personalvorstand der Deutschen Bank, in „Wirtschaftswoche", 27.5.2004, S. 154.

32 Zitate „Im Wortlaut", in „Börsen-Zeitung", 3.6.2004.

33 „Die Welt", 3.6.2004.

Allzu unglücklich war das Bild, das die Deutsche Bank und ihr
Vorstandschef in den vergangenen Monaten abgegeben haben.
... hat der 56-Jährige zuletzt wiederholt polarisiert – sei es durch
unglückliche Äußerungen oder nur durch die Tatsache, dass er
allein mehr verdient als der gesamte BMW-Vorstand.[34]

Auf diese Weise erhielt die öffentliche Diskussion über die Maßlo-
sigkeit der Spitzenmanager neue Nahrung, der soziale Neid wurde
weiter geschürt. An die Emotionen der Millionen Menschen, die
mehrheitlich in kleinen oder mittleren Verhältnissen leben und diese
Sätze am folgenden Tag in der Zeitung lesen konnten, wurde offensichtlich wieder nicht gedacht.

Im Gegenteil: Die Empörung bei Journalisten, Politikern und Bürgern steigerte sich Anfang Juni 2004 weiter. Mit zwei Jahren Verzögerung und auf dem Höhepunkt der kritischen öffentlichen Aufmerksamkeit für die Deutsche Bank und ihren Steuermann Ackermann
berichteten die Medien, dass Vodafone nach der Übernahme von
Mannesmann eine rechtmäßige Steuerabschreibung in Höhe von
50 Milliarden Euro vorgenommen hat, um dadurch 20 Milliarden
Euro Steuern zu sparen. Nun soll der Steuervorteil von Vodafone
jeden der rund 83 Millionen Bundesbürger gut 240 Euro kosten. Der
Fall Mannesmann/Vodafone beschäftigt inzwischen nicht nur das
Gericht, sondern wegen der möglichen Belastungen für alle Steuerzahler auch die Regierung. Denn die „Werte", deren Schaffung
Ackermann am 21. Januar 2004 für sich und seine Mitstreiter rekla-
mierte, waren allem Anschein nach zu hoch angesetzt.[35] Und so
kann es niemanden verwundern, wenn z. B. der Journalist Lorenz
Maroldt stellvertretend für viele andere die sarkastische Frage
stellte:

Welche Werte meinte er? Etwa jene, die von unsichtbaren Mäch-
ten vernichtet wurden, auf dass sie jetzt von einem ausländischen
Unternehmen als Teilwertabschreibung beim deutschen Finanz-
amt geltend gemacht werden können?[36]

Maroldts Feststellung, „Es ist eben nicht automatisch gut für alle,
was gut für die Wirtschaft ist."[37], drückt nicht nur die derzeit herr-

---

34 Jörg Eigendorf, in „Die Welt", 3.6.2004.

35 Georg Bönisch/Klaus-Peter Kerbusk/Christian Reiermann, „Aufgeblähte
    Werte", in „Der Spiegel", 14.6.2004, S. 82/84.

36 Kommentar in „Der Tagesspiegel", 8.6.2004.

37 Ebd.

schende Stimmung in der Gesellschaft treffend aus, sondern sie spricht auch ein herausforderndes Thema an: inwiefern sich ein global agierendes Unternehmen heute überhaupt noch in einer national orientierten Gesellschaft verankern und auf ihre Erfordernisse Rücksicht nehmen kann oder muss bzw. sich, um erfolgreich zu sein, nicht notwendigerweise davon entfremden muss – zumindest in einem gewissen Maß, dessen exakte Bestimmung uns noch fehlt. Der Spagat zwischen globalen Unternehmensinteressen und lokalen Anforderungen wird zur eigentlichen Kunst der Unternehmensführung. Insbesondere wenn, wie im Fall von Vodafone, die Konzernmutter im Ausland beheimatet ist und Entscheidungen aus der Distanz und ohne direktes Erlebnis der hiesigen öffentlichen Diskussion trifft.

Was in jedem Fall jetzt schon einen schalen Geschmack verursacht, ist, dass den hohen Prämien und Abfindungen für Spitzenmanager Steuerausfälle für den Staat in gigantischer Höhe gegenüberstehen. So bringt es der Börsenkenner Prof. Wolfgang Gerke auf den Punkt:

Volkswirtschaftlich ist es nicht akzeptabel, dass der Steuerzahler einen Deal, bei dem die Kurse derart in die Höhe getrieben wurden, mitbezahlt.[38]

Obschon rechtlich zulässig, ist das Vorgehen von Vodafone ein deutliches Beispiel für den Konflikt zwischen einem vordergründig wirtschaftlich vernünftigen Handeln und gesellschaftlichen Erwartungen.[39] Zumindest in Deutschland wirkt sich dieser medial verbreitete Konflikt schädlich auf das Image der Wirtschaftselite aus. Bei nahezu jeder Veranstaltung im wirtschaftspolitischen Raum dient seither das Negativ-Beispiel Mannesmann/Vodafone dazu, eine neue Ethik-Diskussion in der Wirtschaft zu fordern und an die Moral

---

38 Zitiert von Cornelia Wolber und Dorothea Siems, in „Die Welt", 8.6.2004.

39 Dass es geradezu wirtschaftlich vernünftig sein kann, auf staatliche Subventionen zu verzichten, hat die Porsche AG bewiesen, die bei der Ansiedlung des neuen Werks in Leipzig die bereitstehenden staatlichen Fördermittel in Höhe von 50 Millionen Euro nicht in Anspruch genommen hat. Die Begründung: *„Porsche ... hat mit dem öffentlich gemachten Subventionsverzicht die soziale Akzeptanz für seine Marke deutlich gestärkt. Und das war auch die Absicht. Denn für einen Hersteller von exklusiven sportlichen Fahrzeugen ist eine breite soziale Akzeptanz unverzichtbar. Wer fährt schon gerne mit einem luxuriösen Sportwagen durch die Straßen, bei dessen Anblick sich die Passanten verächtlich abwenden?"* – Anton Hunger, Leiter Öffentlichkeitsarbeit und Presse der Porsche AG, in „Kommunikationsmanager" II 2004, S. 12 f.

der Spitzenmanager zu appellieren, sich ihr unternehmerisches Scheitern nicht vom Staat und seinen Bürgern, den Steuerzahlern, alimentieren zu lassen.

Distanz zwischen Person und Unternehmen

„Mitunter ordnen Topmanager das Interesse der Öffentlichkeit falsch ein ... Sie beziehen das auf ihre Person, obwohl sie Bedeutung erlangen nur aufgrund ihrer Funktion."[40] Damit einher geht in aller Regel wachsendes Misstrauen und zunehmende Beratungsresistenz. Die Bedeutung der eigenen Person mit der des Unternehmens zu verschmelzen oder sie gar darüber zu erheben, führt über kurz oder lang zu Kontrollverlust und negativer Resonanz.

Das bekam auch Florian Gerster als Chef der Bundesagentur für Arbeit zu spüren. Als ihm vorgeworfen wurde, er habe einen Beratervertrag an die Kommunikationsberatungsgesellschaft WMP Euro-Com ohne Ausschreibung und deshalb rechtswidrig vergeben, wurde die sachliche Kritik in ungewöhnlich scharfer Weise mit der Charakterisierung seiner Persönlichkeit verbunden. Er wurde als „eitel", „unbelehrbar" und „Autist"[41] dargestellt. Vernichtend auch das Urteil über sein Krisenmanagement: „Unter dem Druck ständiger Vorwürfe und Enthüllungen hatte der Agenturleiter den Kontakt zur Realität weitgehend verloren."[42] Ohne entsprechende Vorerfahrungen der Journalisten mit Florian Gerster sind diese extrem negativen Bewertungen kaum nachvollziehbar, aber das kann hier nur vermutet werden:

Manchmal vergessen Spitzenmanager im Umgang mit der Presse, was sie in ihrem Geschäftsalltag ganz selbstverständlich pflegen ... Sorgsam mit anderen umgehen, höflich und zurückhaltend sein, nicht präpotent auftreten.[43]

Intern hatte er mit seinen „medienwirksamen Auftritten"[44] bereits eine Angriffsfläche geboten, die vom Verwaltungsrat ohne Zögern genutzt wurde, als die Kritik an seinem Management auch extern

---

40   Bernhard Blohm, in „prmagazin" 4/2003, S. 23.

41   Konstantin von Hammerstein/Wolfgang Reuter/Michael Sauga/Janko Tietz, in „Der Spiegel", 26.1.2004, S. 26/27.

42   Ebd.

43   Manfred Harnischfeger, in „prmagazin" 4/2003, S. 23.

44   Henning Baethge/Dirk Hortskötter, in „Capital", 4/2004, S. 34.

laut wurde. Wie stark sich die breite Öffentlichkeit angesichts der Kürzungen des Arbeitslosengelds über die Handlungsweise Gersters, Beratungsleistungen nicht nach dem Prinzip der Kostengünstigkeit eingekauft zu haben, empörte, zeigen exemplarisch zwei Leserbriefe:

> *Der Selbstdarsteller an der Spitze der BA ist letztlich über seine eigene Arroganz gestolpert. Sein Führungsstil nach Gutsherrenart und seine instinktlose Mittelvergeudung haben ihn angreifbar gemacht, ...*[45]

> *Damit das Geld an anderer Stelle für die Imagepflege der BA ausgegeben werden kann, wird jetzt am Arbeitslosengeld gespart – das ist es, was bei den Leuten als Botschaft ankommt. Deshalb auch die enorme mediale Krise in genau diesem Fall.*[46]

Damit nicht genug: Bundesweit haben Bürger sogar Strafanzeigen gegen Gerster wegen Veruntreuung erstattet. Es ist die Kombination von Selbstgerechtigkeit und Instinktlosigkeit, die den Rezipienten in diesem Fall besonders aufstößt, da es um die Entscheidung über die Zuweisung von Mitteln für Bedürftige oder für eine Imagepolitur geht – zumal diese Gelder als Pflichtbeiträge zur Arbeitslosenversicherung von Erwerbstätigen zweckgebunden bereitgestellt werden. So ist die emotionale Erregung der Menschen in diesem Fall von Unverhältnismäßigkeit noch stärker als in dem der Deutschen Bank, denn sie fragen sich, wie es um ihren eigenen Anspruch bestellt sein wird, sollten sie eines Tages arbeitslos werden. Der Druck auf Florian Gerster wurde so groß, dass er am 25. Januar 2004 gehen musste.

Medial gezeigtes Selbstbewusstsein kann sich unwillkürlich und zeitverzögert zu einer Angriffsfläche entwickeln. So ist es z. B. Jürgen Schrempp, dem Vorstandsvorsitzenden der Daimler-Chrysler AG, ergangen. Das Statement des Konzernchefs zum Beginn seiner Amtszeit, „Daimler-Benz braucht mich mehr, als ich Daimler-Benz brauche"[47], provozierte acht Jahre danach die Wirtschaftswoche anlässlich des überraschenden Ausstiegs von Daimler-Chrysler beim japanischen Automobilkonzern Mitsubishi zu dem Titel „Braucht Daimler Schrempp?"[48].

---

45 Harry Hegerding, in „Der Spiegel", 2.2.2004, S. 14.

46 Corinna E. A. Schütt, in „prmagazin", 2/2004, S. 8.

47 Jürgen Schrempp, 10.4.1996.

48 „Wirtschaftswoche", 29.4.2004, Titel.

Gegenstand der Titelstory des Magazins sind widersprüchliche Darstellungen darüber, wie der Beschluss vom 22. April 2004 zu Stande gekommen war. Die Version aus der Kommunikationsabteilung des Unternehmens „handelt vom starken Leitwolf Jürgen Schrempp, der Manns genug war, seine eigene Vision zu kippen, als die finanziellen Risiken zu groß wurden."[49] Wie wenig diese Darstellung die Autoren des Beitrags überzeugt, lässt sich daran erkennen, dass sie sie gleich im folgenden Satz als „Dokusoap für Aktionäre" bezeichnen. Stattdessen folgen sie der Version, dass Mitglieder des Vorstands und des Aufsichtsrats in der Frage, ob der deutsche Automobilkonzern weitere Finanzhilfen für seinen japanischen Partner bereitstellen sollte, gegen Schrempp votiert haben. Ein Insider, ein deutscher Mitsubishi-Manager, einer, der Schrempp seit Jahren kennt, ein hochrangiger Daimler-Manager und ein Berater – sie alle, und zwar alle ohne Namen, tragen dazu bei, die offizielle Erklärung der Unternehmensentscheidung für die Journalisten als „Legende" zu entlarven und dem Konzernführer Kontroll- und Loyalitätsverlust zu testieren.

Der vielleicht mächtigste Vorstandsvorsitzende in Deutschland hat – wenn auch nur für einen Moment – die Kontrolle verloren. ... Am Ende einer turbulenten und emotionalen Diskussion stellte sich Schrempp plötzlich an die Spitze seiner eigenen Kritiker und schlug selbst den Ausstieg bei Mitsubishi vor. Er hatte die Kontrolle zurückgewonnen. Und dabei gegen sich selbst verloren.[50]

Nicht nur den Spitzenmanager hat die Abkehr vom japanischen Partner Glaubwürdigkeit gekostet. Auch das Unternehmen als Geschäftspartner im internationalen, insbesondere im asiatischen Raum, hat sein Gesicht verloren. Bleibt aus Sicht der Autoren nur noch die Antwort auf die entscheidende Frage offen, wie lange sich der dieserart kritisierte Top-Manager in seiner Position halten können wird. Wieder sind es Stimmen aus dem eigenen Haus, die eine Prognose wagen. „Ein hochrangiger Daimler-Manager", der nicht genannt werden will: „Der Mann hat mehr als neun Leben ... Aber dass er jetzt noch bis 2008 bleibt, glaubt hier keiner mehr."[51]

---

49 Claus Gorgs/Thomas Katzensteiner/Angela Köhler, Tokio/Frank Sieren, Peking, in „Wirtschaftswoche", 29.4.2004, S. 42.

50 Ebd.

51 Ibid., S. 47.

Außerdem:

Ein Kontrolleur: „Nach dieser Debatte und dem Widerstand in den eigenen Reihen müsste Schrempp eigentlich zurücktreten. Sein Standing ist beschädigt." [52]

Ist die externe – kommunikative – Wirkung von Ereignissen bereits fatal, wird der Kopf auch intern schnell fallen gelassen – mal hämisch, mal besserwisserisch: von Mitarbeitern, die sich verkannt oder schlecht behandelt fühlen; von Managern, die Chancen für ihre eigene Karriere wittern; von Kollegen, die ihre Machtausdehnung aus der Entmachtung des anderen beziehen; von Kontrolleuren, die einen Strategiewechsel einleiten wollen. Die Gründe können vielfältig sein.

Dass das Ansehen von Schrempp Schaden genommen hat, zeigt ein Interview im Manager Magazin, in dem ihm die Interviewer unumwunden ihren Eindruck wiedergaben, dass er „seinen Laden nicht mehr im Griff"[53] hat. Auch hier ist wieder zu erkennen, dass sich die Journalisten von Insider-Informationen, die im Widerspruch zur Darstellung der Mitsubishi-Entscheidung von Schrempp stehen, mehr überzeugen ließen als vom eigentlichen Akteur. Seiner Interpretation, die schwierige Einigung in Vorstand und Aufsichtsrat als „Beispiel guter Corporate Governance"[54] auszugeben, setzten sie ihre Auslegung entgegen, es handele sich um einen „untrügliche(n) Beweis mangelnder Autorität". Zum Ende ihres Gesprächs stellten auch sie die Gretchen-Frage nach seinem Verbleib. Die wiederum selbstbewusst gemeinten Worte Schrempps zum Abschied: „Schreiben Sie: Er lebt noch."[55]

Unter anderem zeigt das Beispiel Schrempp, dass Medien ein gutes und langes Gedächtnis für markige Aussagen haben und sich bietende Gelegenheiten nutzen, diese zu überprüfen bzw. in Frage zu stellen. So bleibt es den Laut-Sprechern von Unternehmen oder gesellschaftlich relevanten Organisationen bisweilen nicht erspart, mit ihren eigenen Worten und Taten konfrontiert zu werden. Das ist in der Regel unerfreulich und so stellen sich charakteristische Äußerungen im Nachhinein gelegentlich als unvorsichtig heraus. Darüber hinaus ist im konkreten Fall deutlich geworden, wie wichtig es ist,

---

52 Walter Hillebrand/Mark C. Schneider, in „Capital", 10/2004, S. 45.

53 Arno Balzer/Henrik Müller/Dietmar Student, in „Manager Magazin", 6/2004, S. 36.

54 Ebd.

55 Arno Balzer, Editorial, in „Manager Magazin", 6/2004, S. 3.

dass offizielle Unternehmensdarstellungen bei der Wahrheit bleiben und der Überprüfung anhand anderer Informationsquellen standhalten. Im Zeitalter multimedialer Kommunikation löst sich eine Story, die nicht wasserdicht ist, schnell auf.

Eine starke Persönlichkeit auszubilden, ist sicherlich eine wesentliche Voraussetzung, um Spitzenmanager in einem Weltkonzern oder Markt führenden Unternehmen zu werden. Gefährlich wird diese Entwicklung allerdings dann, wenn die Dominanz der Person das Unternehmen so stark überstrahlt, dass der CEO die Grenzen seiner Spitzenstellung gegenüber seiner Führungsmannschaft und Belegschaft nicht mehr erkennt und überschreitet. Das führt mehr und mehr zu negativen Reaktionen bei denen, die sich übergangen, unterdrückt oder gedemütigt fühlen. Bei Ulrich Schumacher, dem Mann, dessen Name in wenigen Jahren zu einem Synonym für das Unternehmen Infineon geworden war, führte ein offenbar absolutistischer Führungsstil schließlich zum Sturz durch die eigenen Vorstandskollegen.

Erneut ist es die Wirtschaftswoche, die einen früheren Ausspruch des Unternehmensführers aufgriff, um das Geschehene aufzurollen. „Ich hasse es, zu verlieren", zitierte das Magazin den Verlierer gleich zwei Mal in derselben Ausgabe[56] und zeichnete das Bild eines brillanten Strategen mit einer egozentrischen, sich selbst überschätzenden Persönlichkeit, die Glaubwürdigkeit und Vertrauen bei den Gefolgsleuten verloren hatte, aber nicht einmal mehr in der Lage war zu begreifen, dass er schon im Abseits stand:

Bis zuletzt von seinen sachlichen Argumenten überwältigt und vom Gefühl seiner Großartigkeit geblendet, erkannte er nicht, dass sich eine Front gegen ihn aufgebaut hatte. In einer Mischung aus forscher Blindheit gegenüber den meuternden Vorstandskollegen und naiver Überzeugung von der Richtigkeit seiner Ich-Strategie, eingekapselt in sich selbst, gefangen in beratungsresistenter Willenskraft, löste sich Schumachers Welt allmählich von der Wirklichkeit auf den Unternehmensfluren – bis er von seinen Stellvertretern zurück in die Realität geholt wurde.[57]

Auch für die interne Kommunikation des Unternehmens hatte der persönliche Stil Schumachers anscheinend Konsequenzen. „Interne Abhörleute" seien die Mitarbeiter der Kommunikations- und Strate-

---

56 Michael Kroker/Dieter Schnaas, in „Wirtschaftswoche", 1.4.2004, S. 42, und unter den Zitaten der Woche auf S. 154.

57 Michael Kroker/Dieter Schnaas, in „Wirtschaftswoche", 1.4.2004, S. 42.

giestabsstelle genannt worden[58]. Leicht lässt sich anhand dieser Charakterisierung eine knisternde Atmosphäre vorstellen, deren Elemente Misstrauen, Intrigen, Vorsicht und Abtauchen sind. Hält eine solche Situation lange an, bilden sich mit der Zeit neue, verdeckte Kommunikationsstrukturen und -kreise heraus. Daran ist Schumacher letztlich gescheitert.

3. Lösungsansätze

Ungeachtet aller Fallstricke, die öffentliche Kommunikation für die Köpfe der Unternehmen bereithält, gilt: „Wer nicht spricht, kann nicht in den Sendungen vorkommen."[59] Das gilt selbstverständlich auch für die Printmedien. Kommunikative Abstinenz können sich Unternehmen in einem Wettbewerb, der zunehmend über Markenbilder und Reputation statt über konkrete Produktvorteile verläuft, nicht leisten. Allerdings ist grundsätzlich zu entscheiden, ob es immer der Kopf an der Spitze sein muss, der spricht, oder ob nicht auch ein Fachexperte aus dem Unternehmen die Rolle des medialen Gesprächspartners übernehmen kann, wenn es sich um ein spezielles, eng umgrenztes Thema handelt.

Wer auch immer nun den medialen Weg beschreitet, der kann sein eigenes Kommunikationsziel, eine bestimmte Botschaft zu vermitteln, nur erreichen, wenn er sich angemessen auf die Herausforderungen der medialen Kommunikation einstellt. Das bedeutet, insbesondere die Konzernspitzen und Unternehmensführer in einem Team aller erforderlichen Experten interdisziplinär umfassend darauf vorzubereiten. Auftritte müssen sorgfältig geplant werden.

Dazu gehören zunächst Entscheidungen über:

- Themenauswahl (Passen die Themen zu Person und Kompetenz des Top-Managers? Sind sie aktuell und relevant?)
- Art und Weise des Auftritts (Handelt es sich um eine Talkrunde oder ein Einzelinterview?)
- Reihenfolge des Auftritts (Wer kommt vorher, wer nachher?)
- Kommunikative Rolle (Ist der Top-Manager als Visionär oder Experte, als zentrale Person oder als Randfigur, als Befürworter oder Gegner eingeladen? In welche Dramaturgie ist sein Auftritt eingebettet?)

---

58 Ibid., S. 44.
59 Stefan Wachtel 1999, S. 56.

- Timing (Ist der Zeitpunkt günstig für das Unternehmen? Ist er beeinflussbar?)

Sodann müssen die vereinbarten Kommunikationsanlässe in ihren juristischen, ökonomischen, politischen, soziologischen, psychologischen und kommunikativen Implikationen und Wirkungen im Vorfeld ausgelotet und durchgespielt werden, damit sie erfolgreich verlaufen.

Die Verantwortung für eine solche mehrdimensionale strategische Vorbereitung einem zentralen Steuerungsgremium zuzuweisen, stellt sicher, dass alle relevanten Kompetenzen intern und extern abgefragt und zu einem Gesamtbild zusammengetragen werden. Dabei muss geklärt werden, welche Rücksichten ein Medienauftritt des Top-Managers in einer spezifischen, eventuell sogar kritischen Situation verlangt.

Die folgenden Überlegungen zu Handlungsoptionen in den Bereichen

- Konditionstraining für die Psyche,
- Einordnung in das gesellschaftspolitische Umfeld,
- Entwicklung der Kommunikationskompetenz

können der mentalen, inhaltlichen und argumentativen Strukturierung des CEO-Auftritts dienen:

Konditionstraining für die Psyche

- Unternehmerische, evtl. branchenspezifische Interessen über die eigene Person stellen
- Evtl. vorhandene persönliche Interessenkonflikte (z. B. zwischen Moral und Einkommen) bereinigen
- Vertrauensvolle Unterwerfung unter eine professionelle Vorbereitung mit internen und ggf. externen Experten[60]
- Einstellungen zu Diskussionspartnern, Themen und Medien überprüfen und möglichst positiv entwickeln, zumindest neutralisieren
- Bewusstsein für persönliche Stärken und Schwächen entwickeln und Umgang mit ihnen bearbeiten

---

60 „Ein erfolgreicher Manager denkt mit dem Kopf seiner Mitarbeiter", John Kenneth Galbraith, in Jürgen Fuchs 2002, S. 46.

- Konstruktiv-kritische Hinweise zur eigenen Performance (einschl. sozialer und kommunikativer Kompetenz) zulassen und überprüfen, ggf. Änderung anstreben
- Persönliche Ausstrahlung im medialen Kontext überprüfen und gewünschtes Verhalten üben[61]
- Gesellschaftliche Interessen ernst nehmen und berücksichtigen
- Coaching und Medientraining für schwierige Gesprächssituationen

Einordnung in das gesellschaftspolitische Umfeld

- Gesellschaftlich relevante oder gar sensible Themen, die berührt werden, identifizieren
- Gesellschaftliche Bewertungen und Stimmungen zu diesen Themen erfassen
- Interessengruppen eruieren
- Kundeninteressen reflektieren
- Ggf. Einzigartigkeit oder Besonderheit der Unternehmenssituation herausfiltern
- Gesellschaftliche Akzeptanz für die Unternehmensentscheidungen prospektiv abwägen
- Langfristige Positionierung des Unternehmens im Meinungsmarkt entscheiden, Standpunkt angemessen platzieren und erklären
- Gesellschaftliche Wirkung des unternehmerischen Handelns beobachten und ggf. korrigieren oder verstärken

Entwicklung der Kommunikationskompetenz

- Publikum (Zuschauer, Zuhörer, Leserschaft) vor Augen haben (nicht anonym und allgemein kommunizieren)
- Genau zuhören (nicht auf die eigenen Themenaspekte fixiert sein)
- Authentisch sprechen (nicht formulieren)
- Äußerungen emotional kontrollieren, versachlichen (nicht persönlich reagieren)
- Offensives Vorgehen und bescheidene Zurückhaltung wohl dosiert balancieren (nicht verteidigen)
- Um Sympathie werben (Gesprächspartner nicht gegen sich aufbringen)

---

61 Dorothee Echter 2003, S. 25–27, beschreibt, dass „strategisches Stimmungsmanagement" unternehmensintern den Wirkungsgrad von Spitzenführungskräften erhöhen kann. Nach meiner Einschätzung lassen sich damit auch extern Erfolge erzielen.

- Schlüsselbegriffe sensibel auswählen und in unmissverständlicher Bedeutung durchgängig verwenden (nichts und niemanden abwerten)
- Äußerungen, Gestik und Mimik konsistent einsetzen und die Situation positiv unterstreichen (nicht provozieren)
- Sprachbilder zur Veranschaulichung dezent verwenden (nicht zu extremen Bildern greifen und keine Effekthascherei betreiben)
- Nur wahre Stories, die bei anderen Unternehmensquellen überprüfbar sind, erzählen (nicht konstruieren)
- Über Dritte positiv, allenfalls neutral sprechen (nicht diffamieren)
- Im eigenen Kompetenzfeld bleiben (nicht ausschweifen)
- Wirkung des eigenen Verhaltens selbstkritisch beobachten und ggf. korrigieren oder verstärken (nicht zu sicher sein)

Fallbeispiel:
Der Waschmittelkrieg: Procter&Gamble versus Unilever
Ein weiteres Beispiel demonstriert, wie sich ein Thema schier endlos durch die Medien hinziehen kann, ohne dass irgend jemand daraus Nutzen zieht: Im Wettbewerbskrieg zwischen den US-Waschmittelriesen Procter&Gamble (Ariel) und Unilever (Omo) steht 1994 alles im Zeichen des Konkurrenzkampfes: Procter&Gamble testet das neue Superwaschmittel des Konkurrenten Unilever und stellt fest: Mangan, Bestandteil von Omo Power, wurde in so hoher Konzentration eingesetzt, dass die Wäsche angegriffen und wortwörtlich zerfressen wird. Das ist ein willkommener Anlass für Procter&Gamble, im umkämpften europäischen Waschmittelmarkt mit rund 8 Milliarden Euro Umsatz jährlich zum PR-Schlag auszuholen: Auf einer Pressekonferenz verbreitet das Unternehmen Bilder von zerfressener Wäsche – verursacht durch das Waschmittel des Konkurrenten Unilever: Omo-Power. Die Ergebnisse werden sogar in einer Ausstellung präsentiert. Doch: Die Öffentlichkeit reagiert zunächst nicht.

Erst durch das Einschreiten einer niederländischen Verbraucherorganisation werden die Aussagen von Procter&Gamble glaubwürdig. Die über 250 Millionen Euro teure Entwicklung muss unverzüglich nachgebessert werden, in Deutschland wird der Launch (Markteinführung) verschoben. Gleichzeitig verklagt Unilever den Konkurrenten.

Im Juli scheint es kurze Zeit so, als beruhige sich alles: Unilever zieht die Klagen zurück, denn a) fehlen die Gegenargumente und b) lösen Gegendarstellungen eher mehr Misstrauen aus als dass sie als glaubhaft eingestuft werden.

Der Waffenstillstand hält aber nur wenige Wochen: Schon wenige Wochen später lanciert Procter&Gamble erneut Aufnahmen von Tests mit Omo-Power – wieder mit zerfressener Wäsche. Unilever reagiert seinerseits mit ganzseitigen Anzeigen, in denen die Firma sich nunmehr öffentlich über die Angriffe der Konkurrenz beklagt.

Die Kommunikation hat in diesem Beispiel allenfalls zu finanziellem Schaden bzw. zu Kosten auf beiden Seiten geführt. Einen weitreichenderen Imagegewinn oder Imageverlust haben aber beide Firmen nicht erlangt.

Der Wettbewerbskrieg ist eine zunehmende Krisenform. Der Hintergrund:

- steigender Druck im Kampf um Marktanteile und Image,
- stagnierende Märkte,
- Liberalisierung des Werberechts (vergleichende Werbung),
- Zunahme von „PR-Kriegen".

Es wird öffentlich polarisiert und Aggressionen werden provoziert. Diese Form der Krise entwickelt häufig eine ungeahnte Eigendynamik und ist schwer zu beherrschen. Die Reputation des angegriffenen Unternehmens nimmt dabei mit gleicher Wahrscheinlichkeit Schaden wie die des Angreifers.

Bisweilen ist das zerstörerische Potenzial aber so hoch, dass es für das angegriffene Unternehmen zur existenziellen Krise kommt.

Die initiierte Krise

Gegnerische Gruppierungen kündigen oft Aktionen an, bevor sie tätig werden; dennoch reagieren die Unternehmen oftmals erst, wenn Öffentlichkeit bereits hergestellt worden ist. Ob Demonstrationen im Internet oder Boykottaufrufe. Sofort steckt das Unternehmen in einer kommunikativen Engpasssituation.

Im Jahre 2002 startete Greenpeace international eine Kampagne gegen ESSO mit dem Logo „StoppE$$O". Hintergrund: ESSO wurde bezichtigt, die Bush-Administration maßgeblich in ihrem Widerstand gegen die UNO-Klimaschutzpolitik unterstützt zu haben. Als „Umweltfeind Nummer 1" tituliert, musste sich das Unternehmen von Umweltschützern, von Menschenrechtsorganisationen und Globalisierungskritikern heftige Vorwürfe gefallen lassen, gegen die es in den einzelnen Ländern mit unterschiedlichen Erfolgen gerichtlich vorging. Demonstrative Aktionen von Umweltaktivisten waren vorerst nicht zu stoppen.

Eine weitreichende Folge für Esso: Deutsche Bank-Analysten schätzen im Sommer 2004 die Situation mittlerweile als bedrohlich ein und erweitern damit die involvierten Zielgruppen weit über einseitig vertretene Interessen hinaus bis in die gesamte Finanz-Community.

Das Internet als Krisenbeschleuniger

Mehr als die Hälfte aller Bundesbürger in Deutschland nutzt das Internet, weltweit sind es weitaus mehr als eine halbe Milliarde Menschen – bei rapidem Wachstum: Shopping, Chats, Partnerbörse, Informationen und Nachrichten in Echtzeit – das Netz macht es möglich. Journalisten sind längst daran gewöhnt, ihre Unternehmens-Recherchen im Internet durchzuführen, sie greifen auf für sie relevante Portale und Datenbanken zurück. Nicht anders ist es mit Finanzanalysten und Anlegern, die sich über das Cyberspace wichtige Informationen besorgen.

Doch anders als bei den klassischen Massenmedien gibt es im Internet kaum Kontrollen, so dass Glaub- und Vertrauenswürdigkeit von Informationen oft in Frage zu stellen sind. Besondere Gefahr: Jeder Mensch ist in der Lage, seine Botschaften, seine Ansichten und Erkenntnisse – egal welcher Richtung – an eine weltweite Community abzusetzen. Das Internet ist damit vielleicht zum bedeutendsten, in jedem Fall aber schnellsten, Kommunikationskanal geworden. E-Mail und Online-Dienste haben die Verbreitungsgeschwindigkeit von Nachrichten – aber eben auch von Fehlinformationen – signifikant erhöht.

Produktpiraterie, Markenmissbrauch und öffentliche Diffamierung: Das Internet ist inzwischen ein Minenfeld voller Krisenpotenziale geworden. In Diskussionsforen, auf Verbraucherseiten, Newsboards und auf Hassseiten werden Demonstrationen online ausgetragen, Organisationen angegriffen und ihr Ruf geschädigt, Gerüchte in die Welt gesetzt und Kundenbeschwerden öffentlich gemacht. So genannte Online-Detektive haben heute gut zu tun, wenn sie systematisch nach Risikofeldern fahnden. Bis zu 150 Krisenherde lässt einer Handelsblatt-Recherche aus dem Frühjahr 2004 zufolge allein die Pharmabranche beobachten, um möglichst frühzeitig durch geeignete Maßnahmen – wesentlich auch durch PR – gegenzusteuern.

Das Internet trägt dazu bei, dass eine Krise verstärkt wird wie seinerzeit im Fall Brent Spar, als Greenpeace im Gegensatz zu Shell schnell Nachrichten und Informationen online hatte. Seit vielen Jahren gilt die Seite „McSpotlight" unter www.mcspotlight.org als wichtigstes Forum für alle McDonald's Gegner. Und – diese Seite ist auf den Suchmaschinen vor Mc Donald's gelistet! Ihr „Schwarzbuch Markenfirmen" bewerben die Autoren Klaus Werner und Hans Weiss unter www.markenfirmen.com so, dass beim Klick auf einen Markennamen negative Handlungen der Hersteller (von Kinderarbeit bis Finanzierung von Waffenhandel) angeprangert und den Konsumenten, vor allem aber Schülern, bekannt gemacht werden sollen.

Auch die absurdeste Krise wird durch das Cyberspace möglich. Der angebliche UFO-Absturz findet in regelmäßigen Abständen Eingang in die Medienberichterstattung. Mangelnde Recherchen nach dem Wahrheitsgehalt einschlägiger Meldungen führen dazu, dass jedes Jahr aus ein und derselben Nachrichtenquelle auf einer Internetseite die Geschichte von einem in den USA abgestürzten Ufo samt Foto abgerufen und veröffentlicht wird. Tatsächlich aber handelt es sich bei dieser Information um eine Website, die unverändert seit 15 Jahren diese konstruierte Meldung mit Schreckensnachrichten verbreitet.

Unwahre Behauptungen wirtschaftlicher Gegner oder sonstiger medienwirksamer Interessengruppen führen trotz rationaler Widerlegung zu empfindlichen Umsatzeinbußen und Imageverlusten; noch schlimmer: Die Verursacher bleiben oft unentdeckt und müssen keinerlei Folgen ihres Handelns tragen.

Die Internet-Problematik führt zu einer ganz neuen Dimension in Sachen Kommunikationskrise:

- (fast) keine Kontrolle der Anbieter,
- (fast) keine Kontrolle der Inhalte,
- Freiheit der angebotenen Information,
- freier Zugang zur Information,
- keine Verifizierbarkeit der Nachricht,
- schlecht identifizierbarer Absender,
- zweifelhafte Glaubwürdigkeit

III. Krisenprävention

Krisenprävention teilt sich in vier Module, die aufeinander einzahlen. Dies sind:

- das Issue Management,
- die Risikokommunikation,
- der Krisenplan und
- der Krisenkommunikationsplan.

In der Praxis sind diese vier Bausteine für eine erfolgreiche Krisenprävention gleichermaßen unverzichtbar.

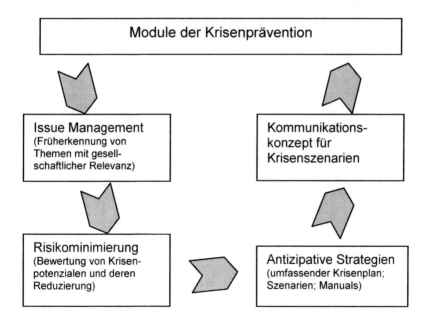

Abbildung 3: Module Krisenprävention

Issue Management

Mögliche Krisensituationen zu erkennen und einzuschätzen gehört zum Geschäftsalltag von Organisationen. Insbesondere Unternehmen stehen vielfach im Mittelpunkt des öffentlichen Interesses. Dabei spielt v. a. eine Rolle, in welcher Branche sie aktiv sind. Die Menschen und Gruppen, die am Handeln eines Unternehmens unmittelbares Interesse haben (Stakeholder), wollen genauestens über dessen Wirken informiert werden. Sie beziehen diese Informationen aus den unterschiedlichsten Quellen. Dem Unternehmen selbst liegt daran, im Image bestimmenden Umfeld als sozial verantwortungsvoll handelndes Mitglied der Gesellschaft (Corporate Citizenship) zu gelten. Es sind vor allem ökologische und medizinische Themen, die in unserer Informationsgesellschaft zu einer hohen Sensibilisierung der Öffentlichkeit führen. Brent Spar, Lipobay, Coppenrath & Wiese oder Humana stehen für Firmen und Produkte, die in diesem Bereich in der Vergangenheit kommunikative Herausforderungen zu bestehen hatten.

Der Begriff Issue Management wurde in den siebziger Jahren vom amerikanischen PR-Profi W. Howard Chase geprägt. Chase war davon überzeugt, dass Kommunikationskrisen glimpflicher und erfolgreicher ablaufen würden, wenn Unternehmen darauf vorbereitet wären. Er organisierte zu diesem Zweck lose Mitarbeiternetzwerke in Unternehmen. Sie sollten Alarm schlagen, wenn sich innerhalb oder außerhalb des Unternehmens eine Krise zusammenbraute. Der zeitliche Vorsprung verhilft dem jeweiligen Unternehmen im Ernstfall zu einer höheren Reaktionszeit. Ein zentraler Baustein seines Ansatzes ist die enge Verzahnung und Kommunikation dieser Netzwerke mit den Mitarbeitern.

Issue Management ist das grundlegende Modul in der Krisenprävention. Beherrschendes Motiv für die Unternehmen ist dabei, frühzeitig Themenfelder auszumachen, die ihm existenziellen Schaden zufügen könnten. Ein großer Teil von Krisen wird vorhersehbar, Folgen können abgeschätzt werden.

Besonders gefährdet bzw. anfällig für spontane Krisen sind demnach Unternehmen:

- der Lebensmittelindustrie,
- der Automobilindustrie,
- der Pharmabranche,
- der Luftfahrtindustrie,
- der Chemiebranche,
- des produzierenden Gewerbes und zunehmend,
- der Touristikbranche.

Im mittleren Risikobereich finden sich:

- Handel,
- Telekommunikationsbranche,
- IT-Branche,
- Immobilenbranche,
- Hotel und Gastronomie.

In einer Vielzahl von Fällen können mögliche Störfelder ausgeschlossen werden, wenn sie systematisch beobachtet, analysiert, bewertet und bearbeitet werden.

Issue Management als Säule der Unternehmenskommunikation

Beim Issue Management handelt es sich wie gesagt um das systematische Erkennen und Beherrschen von möglichen Risiken im Sinne einer langfristigen Früherkennung von konfliktträchtigen Themen, die eine Organisation in ihrem Handeln beeinträchtigen könnten. Issue Management ist somit eine wesentliche Aufgabe der Unternehmenskommunikation. Insbesondere von global tätigen Konzernen werden daher ausgeklügelte Issue Management Programme gefahren. Dabei handelt es sich oft um komplexe Verfahren der Früherkennung.

Es geht nämlich nicht nur darum, die Eskalation möglicher Themen einzudämmen, sondern auch darum, Einfluss auf das Unternehmen beeinträchtigende Gesetzesvorhaben oder neue Richtlinien zu nehmen sowie bei der Definition von entsprechenden Inhalten und Parametern eingebunden zu sein. So steht die Bundesregierung mit der Einführung des neuen Geräte- und Sicherheitsgesetzes im Mai 2004 deshalb in der Kritik, weil sie die Wirtschaft, weil sie die einzelnen Branchen, nicht in die Ausarbeitung der Bestimmungen eingebunden hat (siehe Kapitel „Krise und Kommunikationsauftritt"). Die Folge: Anwälte beschäftigen sich intensiv mit der Auslegung der Vorgabe.

Die wachsende Bedeutung der europäischen Gesetzgebung, die Erweiterung der Handlungsrahmen für das Europäische Parlament, verlangen von den Organisationen, dass sie sich über Länderinteressen hinaus weitsichtig mit den Entwicklungen globaler Märkte befassen. Beobachtet wird, ob Themen über das Internet, über so genannte „Newsgroups" oder sogar „Hassseiten" schwer wiegende inhaltliche Anschuldigungen artikulieren oder Aktionen vorbereiten sowie eine geografische Verbreitung lokaler Problemfelder provozieren, die eine existenzbedrohende Situation auslösen können. Issue Monitoring ist dabei die konsequente Online- wie Offline-Beobachtung von relevanten Informationen und Nachrichten.

Die Beobachtung von Aktivitäten, ja sogar von kriminellen Handlungen im Netz, ist neben der gezielten Auswertung von Medienberichterstattungen (Medienresonanzanalysen Themenrecherchen, Datenbankrecherchen, qualitativen Inhaltsanalysen etc.) eines der Basisinstrumente für das Issue Management. Die Ergebnisse werden in Wissensdatenbanken eingepflegt, um bestimmte Issues während ihres Lebenszyklus beobachten und insbesondere Maßnahmen einleiten zu können.

Im Fokus steht immer die Forderungs- und Erwartungshaltung der Öffentlichkeit, mit der das Unternehmen seine Vorhaben abgleichen muss. Denn: Zu keinem Zeitpunkt war das Verhältnis zwischen Unternehmen und den Teilöffentlichkeiten sensibler als heute, einer durch Terrorakte und wirtschaftliche Rezession geprägten Zeit, in der Ängste und Verunsicherung auf der Tagesordnung stehen und das tägliche Geschehen bestimmen.

Das methodische Aufspüren relevanter Themen und Ereignisse hilft also bei der Erringung der Meinungsführerschaft, beim Aufbau von Glaubwürdigkeit und Vertrauen und insbesondere bei der Vorbereitung auf eine Krise. Es zielt aber nicht auf Verhinderung von Prozessen ab, sondern auf die strukturierte Begleitung und konstruktive Auseinandersetzung mit Zukunftsthemen oder künftigen Entwicklungen durch frühzeitige Einflussnahme.

Die Klassifizierung von Krisenpotenzialen (Auswertung von relevanten Informationen) beobachteter Issues ist Teil einer Szenariotechnik, die dabei helfen soll, systematisch Massnahmen zur Prävention von Krisen zu beschreiben und zu ergreifen.

Relevante Informationen sind dabei zum Beispiel:

- Anzahl von kritischen Wortnennungen im Zusammenhang mit dem Unternehmen,
- Auswertung von aktiver zu passiver Kommunikation,
- zeitliche Folge von Berichterstattung und Auswertung der berichtenden Ressorts,
- Tendenz der Berichterstattung (neutral, positiv, negativ) ... ,

- Häufigkeit kritischer Nennungen in Chats oder auf Verbraucherseiten,
- Befragungsergebnisse (Auditierung unterschiedlicher Unternehmensbereiche),
- Feedback von Meinungsbildnern.

Risikominimierung

Während das Issue Management langfristige Themenentwicklungen verfolgt und prüft, gilt es hier, einschätzbare Risiken für das Unternehmen aus dem *Heute* zu identifizieren, zu bewerten und ggf. zu reduzieren, kurz gesagt: zu managen.

Potenzielle Krisen lassen sich in vielen Fällen vorhersagen: Durch das minutiöse Durchforsten von Schwachstellen im Unternehmen bzw. in seinem unmittelbaren Umfeld und die Definition möglicher Auswirkungen im Ernstfall können Risiken schon früh ausgeschlossen, mindestens aber begrenzt werden. Die Komplexität hierbei: Stets entwickeln sich (unvorhersehbare) Diskontinuitäten in allen Unternehmens-/Marktbereichen, die keine eindeutigen Hinweise auf potenzielle Krisenherde zulassen, sondern beobachtet und analysiert werden müssen. Dies impliziert die Notwendigkeit, Krisenmanagement als Prozess zu begreifen. Dieser Prozess erfordert ständige Aufmerksamkeit und systematische Bearbeitung durch das Management. (Abb. 4)

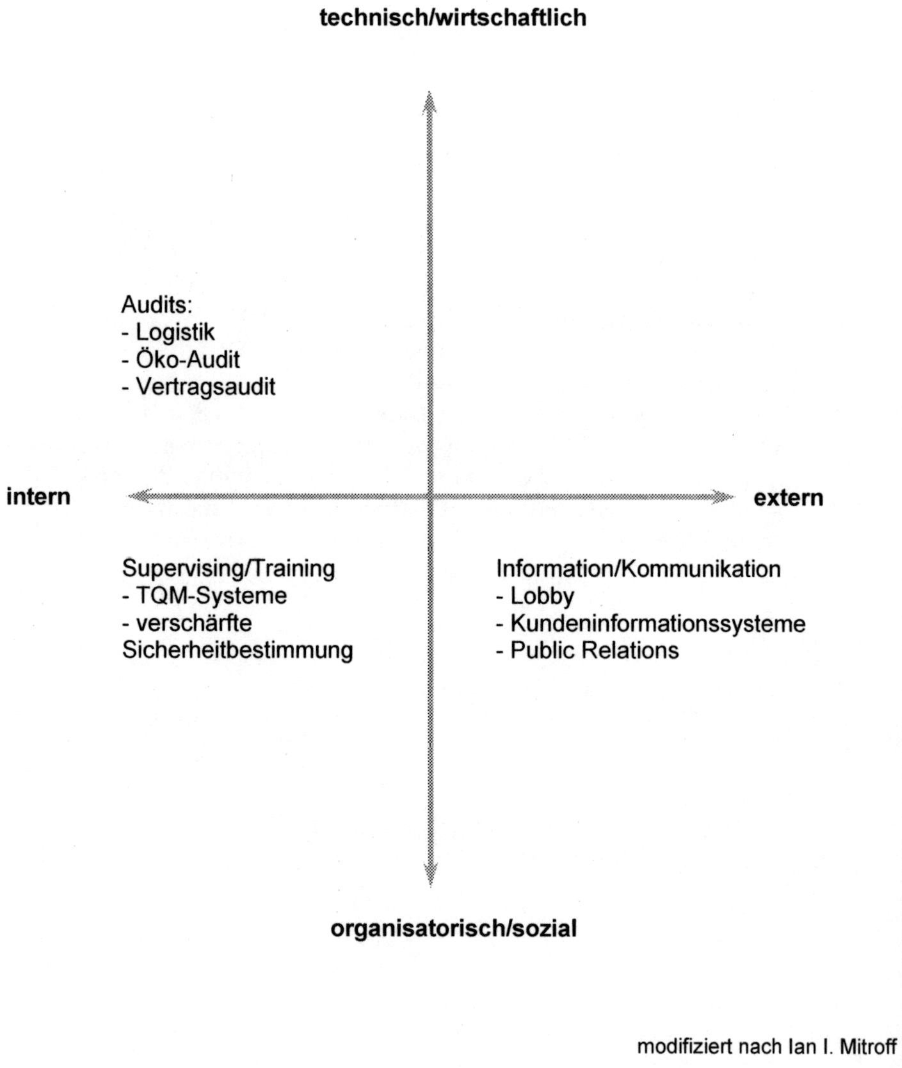

technisch/wirtschaftlich

Audits:
- Logistik
- Öko-Audit
- Vertragsaudit

intern ←--→ **extern**

Supervising/Training
- TQM-Systeme
- verschärfte
Sicherheitbestimmung

Information/Kommunikation
- Lobby
- Kundeninformationssysteme
- Public Relations

organisatorisch/sozial

modifiziert nach Ian I. Mitroff

Abbildung 4: Typen von Krisenprävention

Als wichtige Methode gelten Audits – wie in der Grafik gezeigt – der zentralen Unternehmensbereiche. Darunter sind hier interne Befragungen von Führungskräften und Mitarbeitern, der Kommunikationsabteilung, Befragung von Kunden oder auch von Journalisten zu verstehen.

Im Hinblick auf das Customer Relations Management würden sich die Fragestellungen damit beschäftigen, ob die Kunden mit dem After Sales Service zufrieden sind. Werden Beschwerden vom Kundenbeschwerdemanagement schnell und reibunglos behoben? Oder geht von dem Bereich eine latente Gefahr aus, weil die Kundenunzufriedenheit sich verschärft hat? Wird dieser Tatbestand eine mögliche Krise ggf. verschärfen?

Nach innen gerichtet wird die Einhaltung von Umweltschutzrichtlinien geprüft, dem Qualitätssicherungssystem gilt genauso viel Aufmerksamkeit wie der Frage, ob die Verträge des Unternehmens hieb- und stichfest sind – angefangen bei den Allgemeinen Geschäftsbedingungen bis hin zu Unterschriftenregelungen. Immer geht es um eine Schwachstellenanalyse und deren Behebung. Darüber hinaus wird untersucht, ob bestimmte Produktionsverfahren einwandfrei sind, ob die IT-Sicherheit gegeben ist, was geschehen kann, wenn die Logistik zusammenbricht u. v. m. Alle Fehlerquellen oder möglichen Bedrohungen werden systematisch erfasst. Sie fließen in einen Plan ein, in dem die jeweiligen Auswirkungen nach Schweregrad kategorisiert werden. Daraus leitet sich eine Prioritätenliste ab, die die notwendigen Maßnahmen skizziert.

In betriebswirtschaftlicher Hinsicht wird also untersucht, welchen Einfluss ein potenzieller Krisenfall auf Deckungsbeitrag, auf Gewinn- und Verlustrechnung, auf Absatz und auf Markanteile hat. Krisen funken in den täglichen Geschäftsablauf und damit in Business-Pläne hinein. Also muss dieser Aspekt in die Krisenplanung einfließen. Es ist wie beim Mensch-Ärger-Dich-Nicht-Spiel: Wenn dem Unternehmen Schaden durch eine vorhersehbare Krise entsteht, überholt in der Regel auch noch der Wettbewerb, man wird „rausgeschmissen" und muss erst einmal wieder eine Sechs würfeln, um ins Spiel zurückzukommen.

Konkret: Wenn eine systematische Fehlerquellen-Analyse unterbleibt und damit Kurskorrekturen nicht vorgenommen werden können, dann regiert der Zufall. Mit der Hypothese, die vorhersehbare Krise trete nur zu einer geringen Wahrscheinlichkeit ein, geschweige denn, dass sie öffentlich werde, wird ein Problem oft verdrängt. Doch das Schicksal will es meistens ganz anders. Mitten in einer erfolgreichen Unternehmensperiode muss ein Produkt vom Markt genommen werden, weil in der Qualitätssicherung ein Fehler passiert ist. Wiederum ist es wie beim Mensch-Ärgere-Dich-Nicht: Man kann Glück haben und alle vier Spielsteine sicher ins Tor bringen oder der Zufall will, dass man mitten im Siegeszug rausgeschmissen wird und doch noch verliert.

Die Relevanz von Risikobewertungen in produktionstechnischer, in sicherheitstechnischer, in personeller, in finanzieller, in rechtlicher und in kommunikativer Hinsicht ist kaum zu unterschätzen.

Fallbeispiel:
Eine Gasleitung durch das niedersächsische Wattenmeer
Eine fehlende Risikoeinschätzung kann schwer wiegende Folgen haben: Unvorbereitet traf es in den neunziger Jahren den norwegischen Energie-Konzern Statoil. Das staatliche Unternehmen plante, eine Erdgasleitung durch die Nordsee nach Deutschland zu verlegen. Ein beträchtlicher Teil der norwegischen Arbeitnehmer ist für den staatlichen Betrieb tätig, Umweltthemen hatten bislang eine untergeordnete Rolle gespielt. Widerstände gegen die Geschäftspolitik waren weitgehend unbekannt. Statoil ging entsprechend ans Werk, ohne mögliche Szenarien für das Vorhaben zu entwickeln.

Was die Norweger damals nicht einzuschätzen wussten, war das ausgeprägte Umweltbewusstsein der Deutschen. Die Erdgasleitung Europipe sollte mitten durch das niedersächsische Wattenmeer verlegt werden, ein Naturschutzreservat ersten Ranges. Damit rief man den erbitterten Widerstand von Umweltschützern, ganz vorne Greenpeace, unter dem Begleitfeuerwerk der niedersächsischen Medienlandschaft auf den Plan. Das Unternehmen wurde geradezu überrascht. Bohruntersuchungen im Wattenmeer wurden massiv verhindert. Um schnell Abhilfe zu schaffen, lud Statoil die niedersächsischen Lokaljournalisten aus Emden, Oldenburg, Osnabrück, Diepholz usw. zu einer Pressekonferenz ein. Der zweite Kardinalfehler folgte auf dem Fuße: In englischer Sprache wurde eine kurze sachliche Pressekonferenz mit englischem Informationsmaterial abgehalten. Die Entrüstung war groß und verschärfte das Problem. Der Vertreter des Unternehmens verstand die Welt nicht mehr.

Was passiert war? Der norwegische Konzern hatte versäumt, sich über kulturelle und gesellschaftspolitische Interessenslagen in Deutschland kundig zu machen. Unbewusst war den Verantwortlichen auch, dass Englisch nicht die Sprache der niedersächsischen Lokal- und Regionalmedien ist. Und: Hätte Statoil von der Möglichkeit eines Umweltskandals vorher etwas geahnt, dann wäre das später eigens entwickelte technische Verfahren zur Unterwanderung (Dükern) des Wattenmeeres zu dessen Schutz viel früher in Erwägung gezogen worden, und man hätte eine Menge Zeit und Geld gespart. Darüber hinaus wurde ein Ökofonds von 50 Millionen Mark zum Schutz des niedersächsischen Wattenmeeres eingerichtet. Insgesamt verzögerte sich das Projekt zudem um etwa ein Jahr. Das wiederum hatte Einfluss auf die Kosten des Projektes und v. a. auch auf die Verträge mit den Gaskunden, die nicht termingerecht beliefert werden konnten.

Mit Hilfe professioneller Unterstützung deutscher Kommunikationsberater konnte Statoil in Übereinkunft mit den Umweltverbänden die Situation schließlich positiv für sich entscheiden. Es wurden sogar zwei parallel verlegte Leitungen durch die Nordsee bis zur niedersächsischen Küste genehmigt. Zusätzlich verschaffte sich das Unternehmen als Innovator des technischen Verfahrens zur Unterwanderung langer Strecken international einen Namen.

Fazit: Mit zeitlicher Verzögerung und dem Bekenntnis, dazu gelernt zu haben, nutzte Statoil die Situation und das in ihr liegende Chancen-Potenzial. Weitere Learnings: Geschäftsbeziehungen mit einem anderen Land sind im Zuge der Globalisierung an der Tagesordnung. Ihre Spezifika sollten beherzigt und beherrscht werden. Um den Erfolg einer Auslandsoperation sicher zu stellen, müssen kulturelle und gesellschaftskritische Besonderheiten frühzeitig bedacht und in die Unternehmens- sowie Kommunikationsstrategie eingebunden werden.

Exkurs – Medienanalyse

Wie Medienanalysen dazu beitragen, Risiken zu minimieren und insbesondere einzuschätzen und als wesentliches Instrument von Krisenmanagement einzusetzen, vertieft Dr. Edith Wienand mit ihrem Expertenwissen:

Edith Wienand – Medien-Analyse als Methode zur Risikoanalyse und zum Krisenmanagement

Als im Januar 2003 ein Kind nach Verzehr eines Tortenstückes aus dem Hause Coppenrath & Wiese starb, berichteten die deutschen Medien darüber bundesweit – sofort – mehrfach und mit erheblicher Reichweite. Gerade für ein Unternehmen, das vor der Krise außer in Form von Werbespots medial nur wenig präsent war, ist ein solches Ereignis von existentieller Bedrohung. Aussagen in den Medien wie: „Die rund 1300 Mitarbeiter der Osnabrücker Großkonditorei Coppenrath & Wiese bangen bereits um ihre Jobs" dokumentieren, wie schnell die Existenz gefährdet sein kann, obwohl zu keinem Zeitpunkt der Berichterstattung die Schuld des Unternehmens bewiesen war. Häufig gelingt es betroffenen Unternehmen – so auch Coppenrath & Wiese – nicht, noch während der Phase der uneingeschränkten Presseaufmerksamkeit auch positive Berichterstattung anzustoßen. Die wirksame Dynamik der Medienwelt verstärkt diesen Prozess zusätzlich mit ihrem Gesetz „only bad news are good news". Das, was bei dem Großteil der Leser ankam, war ein negativ gefärbtes Bild von Coppenrath & Wiese. Positive Wertungen und insbesondere die letztendlich vollständige Entlastung hingegen wurden nur noch von wenigen zur Kenntnis genommen: Die Negativberichterstattung ist in etwa *fünfmal stärker* als die entlastende Positivberichterstattung.

Dieses ist nur eines von unzähligen Beispielen, die zeigen, dass für Unternehmen, aber auch für staatliche oder private Organisationen zahlreiche Risiken bestehen, die den Unternehmenserfolg gefährden und sich sogar zu einer ernsthaften Existenzbedrohung entwickeln können.

Die moderne, hochentwickelte Industriegesellschaft ist eine Risikogesellschaft, da immer mehr (soziale, ökologische, individuelle und politische) Risiken entstanden sind und ständig neu entstehen, als die vorhandenen Sicherungsmechanismen und Kontrolleinrichtungen bewältigen können. Eine weitere einflussreiche Entwicklung ist, dass die flächendeckende Verfügbarkeit von Medien und die dadurch ermöglichte Bereitstellung eines globalen Informationsangebots (mit 24-Stunden-Zugriffsmöglichkeit) sozial weitreichende Veränderungen erzeugen, deren Ausmaß nicht absehbar, deren realer Einfluss jedoch bereits jetzt zu beobachten ist: Es geschehen immer mehr und immer weiter wirkende Ereignisse, die immer schneller kommuniziert werden und immer mehr Menschen erreichen.

Den Medien kommt eine unabweisbar strategische Rolle zu. Für Organisationen hat dies zunächst den direkten und gleich an mehreren Punkten ansetzenden Effekt, dass Kommunikation zum neuen (kritischen) Erfolgsfaktor wird:

- Nur wer mittels Medien kommuniziert und in den Medien dargestellt wird, wird tatsächlich wahrgenommen.
- Es existieren zahlreiche Indikatoren, dass Risikothemen immer globaler, immer schneller und damit auch immer unvorhersehbarer erodieren.
- Die höchste (mediale) Aufmerksamkeit wird einem Unternehmen meist erst dann zuteil, wenn es sie am wenigsten gebrauchen kann: in einer Krise. Krisen treten unverhofft auf und stoßen in der Öffentlichkeit immer auf großes Interesse.

Diese grundlegende Umwandlung der Gesellschaft zur Mediengesellschaft zieht eine ganze Reihe von Veränderungen nach sich, insbesondere:

- einen anderen Typus von *Öffentlichkeit*,
- eine andere Form der *Meinungsbildung und -artikulation* und v. a.
- ein nach variablen statt nach fixen Kriterien der Selektivität operierendes *Informationsverhalten*.

Die empirische Sozialforschung bietet eine Reihe von Instrumenten – darunter als zentrale Methode die *Medieninhaltsanalyse* –, die sich hervorragend dazu eignen, Risiken auf einer breiten Basis zu erkennen und objektiv im Detail zu analysieren. Sie stellen eine notwendige Ergänzung zum gängigen betriebswirtschaftlich orientierten Repertoire des Risikomanagements dar.

1. Gesetzliche Vorschriften und die Relevanz von Risikomanagement

Verschiedene Unternehmenskrisen haben in den letzten Jahren die Aufmerksamkeit des Gesetzgebers auf die Kontrolle von Unternehmen gelenkt. Ziel der Gesetzesreformen war es zunächst, die Rechte der Aktionäre zu sichern und zu stärken. Das Gesetz zur Kontrolle und Transparenz im Unternehmensbereich (KonTraG) trat zum 1. Mai 1998 in Kraft. Es verpflichtet den Vorstand, ein Überwachungssystem zu etablieren, das hilft, gefährdende Entwicklungen zu identifizieren. Der Geltungsbereich des KonTraG betraf zunächst nur börsennotierte Aktiengesellschaften, wurde 2001 jedoch auf das Handelsgesetzbuch (HGB) ausgeweitet. Dieses bedeutet, dass auch mittelständische GmbHs Risikomanagementsysteme implementieren und im Lagebericht des Jahresabschlusses Angaben darüber machen müssen.

Eine weitere Entwicklung hat das Risikomanagement und die Implementierung von Frühwarnsystemen zu einem zentralen Unternehmensthema gemacht: Ab 2006 sollen die Bestimmungen des so genannten Basel II-Abkommens in mehr als 100 Ländern in nationales Recht umgesetzt werden, um eine größere Sicherheit des Weltfinanzsystems zu erreichen. Dieses Abkommen sieht vor, dass sich die Höhe des Eigenkapitals zukünftig stärker an den individuellen Kreditrisiken sowie den operationellen Risiken (Risiken von Verlusten aus Ungenügen oder Versagen von internen Verfahren, Menschen[1], Systemen oder auf Grund externer Ereignisse) der Bank orientieren soll. Neben weitreichenden Konsequenzen für die Mindestkapitalanforderungen (Eigenkapitalquote der Bank) werden insbesondere auch höhere Anforderungen an das Risikomanagement und die Offenlegungsvorschriften gestellt. Banken mit niedrigen Risiken (Kreditrisiken/operationelle Risiken) werden zukünftig auch eine niedrigere Eigenkapitalunterlegung vorhalten müssen und umgekehrt. Die Banken geben die an sie gestellten Anforderungen an ihre Firmenkunden weiter und verlangen daher immer häufiger von diesen detaillierte Konzepte zum Risikomanagement.

Das intensive Beschäftigen mit potenziellen Risiken und das Implementieren von effizienten Frühwarnsystemen ist somit kein ausschließliches Thema mehr für Unternehmen, die auf Grund ihrer Größe eine hohe öffentliche Aufmerksamkeit genießen oder eine

---

1 Ein bekanntes Beispiel hierfür ist der Untergang der traditionsreichen englischen Bank „Barings", herbeigeführt durch ihren Angestellten Nick Leeson Mitte der 90er Jahre.

risikobehaftete Produktion betreiben. Auch der Geschäftsführer eines mittelständischen Unternehmens muss sich dieser Thematik annehmen: Risikomanagement besitzt nicht nur für die finanzielle Ausstattung des Unternehmens in Form von Krediten eine hohe Relevanz (Basel II), sondern kann darüber hinaus für die Geschäftsführung selbst zur Existenzgefahr werden, wenn eine Risikoüberschreitung vorliegt und sie dafür (im schlimmsten Fall mit dem Privatvermögen) nach BGB haften muss.

2. Risikoerkennung und -analyse

Die Unsicherheitsfaktoren, mit denen ein Unternehmen heute konfrontiert wird, sind vielfältiger Art:

- *Extern.* Risiken entstehen durch markt- und wettbewerbsbedingte Entwicklungen (schwache Konjunkturlage, niedrige Marktpreise, Konkurrenzdruck), durch Probleme auf den Beschaffungs-, Absatz- oder Finanzmärkten (Forderungsausfälle, schlechte Zahlungsmoral von Kunden, Probleme bei Zulieferern, Währungsrisiken), durch Entscheidungen in Politik sowie durch gesellschaftliche Entwicklungen.
- *Intern.* Risiken entstehen durch Fehlentscheidungen des Managements, durch Kalkulationsfehler, durch eine fehlende Arbeits- und Betriebsorganisation, durch risikobehaftete Produkte und Produktionsverfahren sowie häufig auch durch mangelnde Information und Kommunikation sowie durch Produktivitätsprobleme (Frustration, Motivationslosigkeit, fehlendes Engagement der Mitarbeiter).

Gerade Produktivitätsprobleme stellen in Deutschland ein nicht zu unterschätzendes Risiko dar. So zeigte eine Gallup-Untersuchung, dass 70 % der Mitarbeiter nur „Dienst nach Vorschrift" machen (Spiegel-Online 19.1.2004). Durch diese niedrige Produktivität entsteht in Deutschland pro Jahr ein gesamtwirtschaftlicher Schaden von 260 Milliarden Euro. Zum Vergleich: Diese Summe entspricht der Höhe des Bundeshaushalts. Als Grund für die fehlende Motivation geben die Mitarbeiter das schlechte Management der Unternehmen an.

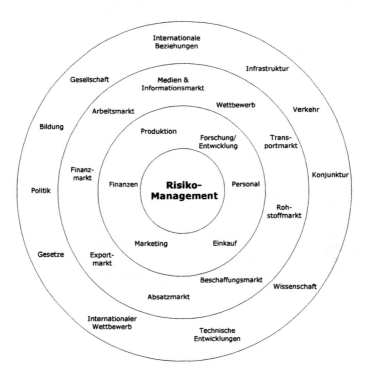

Abbildung 1: Risikobereiche für Unternehmen

Die Vielfalt der Anforderungen aus dem internen und externen Unternehmenskontext macht deutlich, dass für die Risikoerkennung und -analyse unterschiedliches Fach-Know-how notwendig ist. Finanz-, Marketing-, Vertriebs- und juristisches Wissen sind ebenso gefordert wie technisches oder gesellschaftspolitisches Wissen. Ein großer Teil der *operativen* Risiken (Beschaffung, Produktion, Anlagen, Entwicklung, Vertrieb, Verwaltung) lässt sich anhand von betriebswirtschaftlichen Kennziffern identifizieren und steuern. Zu den eingesetzten Instrumenten gehören u. a. Kennzahlenanalysen auf der Basis von Jahresabschlüssen (Eigenkapitalquoten, Gewinnkapitalrentabilität, Umsatzrentabilität, Kreditoren- und Debitorenlaufzeiten, Lagerdauer etc.), Vor-/Nach-/Mitlaufende Kalkulationen oder Benchmarking (Ausschuss-Zahlen, Umsatz je Mitarbeiter, Auftragsbearbeitungszeiten etc.).

Auch für einen Teil der strategischen Unternehmensrisiken in den Bereichen Umwelt, Konjunktur, Markt, Branche, Ressourcen, Investitionen, Bildung und Politik hält die Betriebswirtschaft Werkzeuge bereit, um Risiken zu erkennen und zu erfassen. Zu diesen gehört beispielsweise die Produktportfolio-Analyse als Darstellung der gegenwärtigen und zukünftigen Entwicklung von Produkten, um aus ihren Lebenszyklen Risikopotenziale im Produktbereich zu identifizieren. Ein häufig eingesetztes Instrument ist die SWOT-Analyse, mit der die Stärken, Schwächen, Chancen und Risiken eines Unternehmens identifiziert werden, die als Ansatzpunkte für Veränderungen dienen.

Bei der überwiegenden Zahl der Werkzeuge zur Risikoerkennung und -analyse handelt es sich um die etablierten Instrumente aus dem Controlling. Risiken besitzen jedoch weitere Ebenen, die sich nicht nur anhand von betriebswirtschaftlichen Kennzifferanalysen und moderierten Brainstormings mit der Managementebene erkennen und analysieren lassen, sondern den Einsatz sozialwissenschaftlicher Methoden erfordern.

2.1 Sozialwissenschaftliche Methoden zur Risikoerkennung und -analyse

Die Beobachtung von Risiken setzt die Beachtung von zumindest vier Modi voraus:

Media Monitoring Lauf. Beobachtung der Medienberichterstattung	Beobachtung der Öffentlichkeit Entfaltung und Erfolg (Karrieren) von Issues
Beobachtung der beteiligten Akteure und ihren Interessen	Beobachtung der öffentlichen Meinung

Abbildung 2: 4 Modi der Risikobeobachtung

Hierzu gehören die permanente Beobachtung der laufenden Medienberichterstattung (Media Monitoring), die Beobachtung der Öffentlichkeit im Hinblick auf die Entfaltung oder den Erfolg (Karriere) von risikobehafteten Themen, die Beobachtung von beteiligten Akteuren (intern und extern) und möglichen Interessen und dies im Hinblick auf deren Thematisierung als öffentliche *Meinung* und die daraus ableitbaren Konsens- oder Dissensfolgen.

Methodisch stehen dafür mehrere Instrumente zur Verfügung:

Durch wiederholte *Befragungen* lassen sich Wissen, Meinungen, Einstellungen und Verhaltensweisen von Anspruchsgruppen erfassen. Sie helfen interne und externe Risiken zu erkennen.

- Mitarbeiterbefragungen. Unternehmenskultur, Mitarbeiterzufriedenheit, Kommunikations- und Informationsflüsse, Teamwork und Wissensmanagement, Führungskräfteverhalten.
- Befragungen von Kunden/Aktionären. Wissen, Einstellungen, Commitment, Reputation des Unternehmens.
- Befragungen der „Nachbarschaft". Wissen, Einstellungen, Commitment, Reputation des Unternehmens.

Ein weiteres Instrument ist die systematische Verwertung von *Gesprächen* (mit Experten, Kollegen etc.). Auf diese Weise kann sich eine Organisation ebenfalls über relevante Veränderungen informieren.

Das *wichtigste* Instrument ist jedoch die *Inhaltsanalyse* der Medienberichterstattung, die auf die Erhebung von Themen, Akteuren, Ereignissen, Branchenentwicklungen, Schlagworten oder Ideen hin konzipiert wird. Führt man diese Analysen regelmäßig durch, so kann man *Trends* für Themen und Schlagworte ermitteln und daraus auch Prognosen entwickeln. Allerdings gehört dazu sehr viel Knowhow, Feindesign und eine hohe Sensibilität, denn Trends sind gerade in der Anfangsphase nur schwer zu orten.

2.2 Medienbeobachtung zur Risikoerkennung und -analyse

Ein erfolgreiches Beobachten der Medien bedingt zunächst die Entwicklung der Indikatoren, an denen sich mögliche Veränderungen festmachen lassen sollen. An dieser Stelle wird zwischen **Scanning** und **Monitoring** unterschieden. Scanning ist dabei die *induktive Beobachtung* der Umwelt weitgehend ohne Vorgaben, die viel Sensibilität, Kreativität (Fantasie) und Assoziationsvermögen erfordert. Monitoring dagegen geht schon von bestimmten Vorgaben aus, ist also eine eher *deduktive Beobachtung* der Umwelt, die entsprechend einfacher zu leisten ist.

Beispiel: Medien-Newsletter

Ein effizientes und relativ einfach zu implementierendes Instrument, um die Medienberichterstattung regelmäßig zu scannen, ist der Risiko-Newsletter. Dabei wird die aktuelle Berichterstattung nach möglichen Risikothemen durchgesehen. Daneben ist es sinnvoll, auch potenzielle Chancen aufzunehmen, um positive Themen zu identifizieren, die besetzt werden können, und so u. U. Risiken in anderen Bereichen abzuschwächen. Besonderes Augenmerk wird dabei auf die „Medien-Leitwölfe" gerichtet, d. h. auf die Journalisten, die ein mögliches Risiko-Thema als Erste auf das Medien-Tableau bringen. Die unterschiedlichen Themen/Ereignisse werden im Newsletter in vier Kategorien unterteilt:

- *Topthemen*: Themen, die in der aktuellen Berichterstattung die größte Rolle spielen – unabhängig vom Risikopotenzial.
- *Schwelbrände*: Themen, die bereits seit längerer Zeit gären und für die Presse noch immer nicht befriedigend abgeschlossen zu sein scheinen, da sie immer wieder negativ auftauchen.
- *Brandgefahren*: Einzelstimmen, die auf Tatbestände aufmerksam machen, Entwicklungen bzw. Entscheidungen anmahnen und kritisieren. Hier besteht die Gefahr, dass auch weitere Journalisten auf den Zug aufspringen und ein negativ besetztes Thema entsteht.
- *Chancen*: Einzelstimmen sehen positive Entwicklungen voraus, machen auf lobenswerte Tatbestände aufmerksam. Hier könn-

ten Kontexte vorliegen, die ein Unternehmen positiv besetzen bzw. stärker für sich nutzen kann.

3. Media Monitoring zur Risikoanalyse

Monitoring zielt auf die Verfolgung von Trends aller Art ab, aber auch deren genaues Gegenteil, nämlich die Beobachtung von Konstanten. Dazu gehört weiterhin die Beobachtung, was *andere* beobachten, insbesondere natürlich die Konkurrenz. Das impliziert schließlich die Definition der Beobachtungskriterien nach *eigenen Interessen*.

Zur Analyse eines Risikothemas mittels einer Untersuchung der Medienberichterstattung sind folgende Items abzudecken:

* Medien/Journalisten: Welche Medien bzw. Journalisten beschäftigen sich wie intensiv mit einem risikobehafteten Thema? Wer sind die Leitwölfe der Berichterstattung? Welche Reichweite erreicht ein Risikothema?
* Quellen der Berichterstattung: Welche Informationsquellen (Studien, Experten etc.) werden zur Verdeutlichung eines Risikothemas herangezogen?
* Akteure der Berichterstattung: Wer bestimmt die Diskussion eines Risikothemas (Interessengruppen, Politik, Konkurrenz, Verbände)? Wie werden die einzelnen Akteure in den Medien bewertet?
* Inhalte der Diskussion: Wie hat sich die Diskussion entwickelt und mit welchen Argumenten wird die Diskussion geführt?
* Folgen für das Unternehmen: Welche Folgen ergeben sich für das Unternehmen (Imageprobleme, Marktprobleme, finanzielle Risiken). Gibt es Ausstrahlungseffekte auf andere Bereiche des Unternehmens?

Fallbeispiel:

Dieselrußfilter als Risikothema der deutschen Automobilbranche
1999 erschien eine Studie des Fraunhofer Instituts für Toxikologie, die belegte, dass die krebserzeugende Wirkung von Dieselemissionen zehnmal höher ist als diejenige von Benzinabgasen. Rußfilter senken jedoch das Krebsrisiko um mehr als 90 %. Auch eine Studie der Stuttgarter Akademie für Technikfolgenabschätzung dokumentierte besorgniserregende Zahlen. So fordern Rußpartikel in Deutschland jährlich 8 000 und europaweit 80 000 Lungenkrebsopfer.

Das Thema hat seit Ende der neunziger Jahre stetig an Relevanz für die deutsche Automobilbranche gewonnen, v. a. da die französische Konkurrenz schon sehr früh Rußfilter zur Serienreife brachte.

Die folgenden Ausführungen zeigen an diesem Beispiel, wie das Instrument der Inhaltsanalyse zur detaillierten Analyse eines Risikothemas über einen Zeitraum von vier Jahren zum Einsatz kommen kann. Im Fokus stehen hierbei die Entwicklung und Folgen der Diskussion sowie die Argumentationslinien der einzelnen Interessengruppen.

Chronologie der Ereignisse

- **1985**: Daimler testet in den USA Partikelfilter; die beschichteten Keramikfilter führen reihenweise zu Motorenschäden
- **1999**: Greenpeace protestiert auf dem Genfer Autosalon gegen Dieselmotoren, insbesondere gegen deren Rußausstoß
- **April 1999**: Peugeot kündigt den serienreifen Rußpartikelfilter an
- **August 1999**: Das Umweltbundesamt fordert den serienmäßigen Einsatz der Rußfilter für PKW
- **April 2000**: Bundesumweltminister Trittin fordert den verpflichtenden Einsatz von Partikelfiltern in PKW und LKW
- **April 2000**: VDA lehnt die Forderung Trittins ab: Rußfilter würden den Abgasgegendruck erhöhen und somit auch den Kraftstoffverbrauch
- **November 2000**: Gründung der Initiative: Kein Diesel ohne Filter
- **2001**: Toyota stellt in einer Studie der Öffentlichkeit eine Alternative zum Partikelfilter vor
- **August 2001**: Verkehrsclub Deutschland bezeichnet Verweigerungshaltung der deutschen Hersteller als skandalös
- **Oktober 2001**: Markteinführung von Citroën-Modellen mit Rußpartikelfiltern
- **Oktober 2001**: Greenpeace klagt gegen deutsche Automobilhersteller und das Kraftfahrtbundesamt wegen Untätigkeit in Bezug auf die Rußfiltertechnologie – Langzeittests der Peugeotfilter beweisen deren Effektivität
- **Oktober 2001**: Der PSA-Konzern kommuniziert, man habe allen deutschen Herstellern die patentierte Filtertechnik zum Kauf angeboten
- **Oktober 2002**: Gesundheitsreport der WHO: jährliche Reduktion der Lebenserwartung in Europa um 725 000 Jahre durch winzige Staubpartikel
- **November 2002**: Greenpeace-Demonstration vor DaimlerChrysler-Werk und in der VW-Autostadt
- **Februar 2003**: Motorenkooperation von Ford und PSA: Auch Ford steigt um auf Rußpartikelfilter
- **Februar 2003**: Renault präsentiert Rußpartikelfilter ohne Additiv, der die Euro 4-Norm erreichen wird; auch Peugeot kündigt Erreichen der Euro 4-Norm mit Filter an
- **Anfang 2003**: Toyota präsentiert im Avensis neues Abgasreinigungssystem, das sowohl die Rußpartikel- als auch die Stickoxidemission dauerhaft und massiv senkt und ohne Additive auskommt

Entwicklung der Pressebewertungen für die deutsche Automobilbranche

Mit den Studien zum Krebsrisiko durch Dieselrußemissionen und der Präsentation eines serienreifen Rußfilters durch den PSA-Konzern (Peugeot Citroën) im Jahr 1999 rückte dieses Thema langsam auch in den Interessenfokus der Presse, ohne jedoch zu einer quantitativ starken Berichterstattung zu führen. Dieses Thema wurde aber sehr schnell von politischer Seite in Deutschland aufgenommen. Dies führte dazu, dass im August 1999 das Umweltbundesamt den serienmäßigen Einsatz von Rußfiltern für PKW forderte und Bundesumweltminister Trittin im April 2000 diese Forderung nochmals öffentlich unterstrich, indem er den verpflichtenden Einsatz dieser Technologie anmahnte. Auf den darauf folgenden politischen Druck reagierten der Verband der Automobilindustrie (VDA) und die einzelnen deutschen Hersteller abwehrend. Mit dem Erreichen der strengen Abgasnorm Euro 4 und den Hinweisen auf eine eigene filterunabhängige Lösung der Dieselrußproblematik initiierten die deutschen Automobilhersteller positive Berichterstattung. Negativaussagen zur fehlenden Filtertechnologie wurden darüber hinaus nur selten einzelnen Automobilherstellern zugewiesen, sondern bezogen sich fast ausschließlich auf die gesamte Automobilindustrie und den VDA.

Der Druck von Umweltlobbyisten wurde jedoch in den folgenden Jahren auch unter dem Eindruck ausbleibender innermotorischer Lösungen, wie sie die deutschen Automobilhersteller versprochen hatten, immer größer: Im November 2002 demonstrierten Greenpeace-Aktivisten sowohl vor einem DaimlerChrysler-Werk als auch in der VW-Autostadt in Wolfsburg. Anfang 2003 scherte zudem Ford aus der Abwehrphalanx deutscher Hersteller aus, was zu einer zunehmenden Thematisierung einzelner Unternehmen führte. Im Fokus standen dabei vor allem die Imageprobleme, die sich aus der Rußfilterdebatte für die deutsche Automobilindustrie ergeben könnten.

Betrachtet man nun die einzelnen Wertungen zu den Automobilherstellern, zeigt sich folgendes Bild: Erwartungsgemäß erhalten mit PSA, Toyota und Ford die Hersteller, die den Partikelfilter ins Programm genommen und in Dauertests seine Effektivität unter Beweis gestellt haben, im Kontext der Dieselruß-Debatte die besten Mittelwerte (Skala: -2 sehr negativ bis +2 sehr positiv). Das gute Technik- und Umwelt-Image durch den Lupo 3L und das Ein-Liter-Auto verhelfen beispielsweise dem Volkswagen-Konzern noch zu einer guten mittleren Bewertung. Auch der stete Hinweis, die Euro 4-Norm lange vor deren Inkrafttreten mit vielen Modellen zu erreichen, stärkte den Mittelwert dieses Unternehmens. Im Gegensatz dazu: Da die Modelle der französischen Hersteller in Tests häufig mit den Modellen von Mercedes verglichen werden, führt dieses zu den schlechteren Werten von DaimlerChrysler.

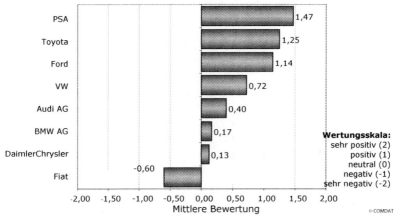

Basis: 73 Artikel (1999–2003)

Abbildung 3:
Mittlere Bewertung der Automobilhersteller zum Thema Rußfilter

Akteure der Berichterstattung

Die Diskussion um den Partikelfilter wurde im Wesentlichen von drei Interessengruppen beherrscht: Den Umweltgruppen und -behörden auf der einen Seite, den Automobilherstellern und den Automobilverbänden auf der anderen Seite.

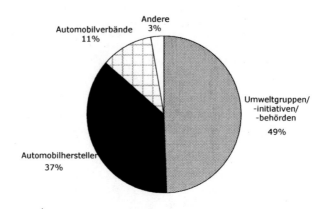

Basis: 73 Artikel (1999-2003) © COMDAT

Abbildung 4: Akteure der Rußfilter-Diskussion

Bei den Automobilherstellern stehen die großen deutschen Unternehmen sowie der Vorreiter in Sachen Rußfilter – der PSA-Konzern – im Fokus der Berichterstattung.

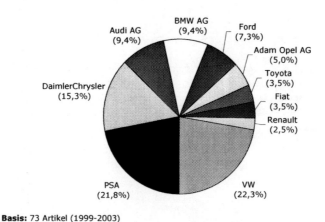

Basis: 73 Artikel (1999-2003) © COMDAT

Abbildung 5:
Anteil meistgenannter Unternehmen zum Thema Rußfilter

Argumente in der Rußfilter-Debatte

Ein detailliertes Media Monitoring zu einem Krisenthema umfasst neben der Analyse der beteiligten Akteure auch die Argumentationslinien der jeweiligen Interessengruppen. In Bezug auf die Rußfiltertechnologie lassen sich folgende Argumente identifizieren, die eine verfestigte Diskussion dokumentieren.

Argumente der deutschen Hersteller und des VDA

- Die Filtertechnologie ist unausgereift.
- Die Filtertechnologie erhöht den Kraftstoffverbrauch.
- Die Filtertechnologie ist nicht die optimale Lösung. Das PSA-System benötigt ein Additiv, ist kostenintensiv und verlangt regelmäßigen Filterwechsel; deutsche Hersteller präferieren innermotorische Lösungen, um Partikel erst gar nicht entstehen zu lassen.
- Die deutschen Dieselmodelle erfüllen zum Teil bereits jetzt die Euro 4-Norm, die PSA-Filterdiesel jedoch nicht.
- Die deutschen Dieselmodelle, die die Euro 4-Norm erfüllen, haben den Ausstoß von Stickoxiden drastisch gesenkt.
- Statt Rußfilter ist schwefelarmer Diesel zu präferieren; dieser emittiert nur einen Bruchteil der üblichen Partikel und würde um die Hälfte weniger Kohlenmonoxid und über 40 % weniger Ruß erzeugen.

Argumente der Umweltlobbyisten

- Zentrale These (gestützt durch ADAC und Wissenschaft): Abgasnormen sind antiquiert und steuerlich begünstigt werden Motoren, die zwar die Emission von Stickoxiden reduzieren, aber tausendfach mehr feinste Rußpartikel ausstoßen als die Dieselmotoren mit Filter.
- Langzeittests der PSA-Filterdiesel haben deren Effektivität unter Beweis gestellt.
- Der Filterzusatz ist kostengünstig und, bedenkt man den Gesundheitsaspekt, geradezu billig.
- Innermotorische Lösungen werden seitens des VDA seit Jahren kommuniziert, ohne dass Erfolge in Sicht sind.
- Die Euro 4-Norm ist der falsche Parameter, da sie den Rußausstoß nach Gewicht reglementiert – gefährlich sind aber die

feinsten Stäube, die nach Partikelzahl gemessen werden müssen.

- Stickoxide spielen in der Argumentation der Befürworter der Rußfilter keine Rolle.

Mit der Präsentation von Dieselmotoren durch Renault und den PSA-Konzern, die sowohl die Euro 4-Norm erreichen als auch den Ausstoß von Rußpartikeln eliminieren, wurde eines der Hauptargumente der deutschen Hersteller obsolet. Das Beharren des VDA auf Einhalten der gesetzlichen Regelungen präsentierte sich in der Berichterstattung als Einbahnstraße und ging am Kern der Argumentation der Umweltlobbyisten vorbei, denn diese bezweifelten die Zweckmäßigkeit der Grenzwertbemessung der Norm. Dieses Argument hatte dann auch auf europäischer Ebene Erfolg, da neuere wissenschaftliche Erkenntnisse die Argumente der Umweltschützer auf breiter Front unterstützten. In einem Zeit-Interview deutete daher die EU-Umweltkommissarin Wallström an:

Neue Messtechniken haben inzwischen gezeigt, dass das Bild insbesondere bei den Feinstäuben nicht so rosig ist, wie gedacht. Deshalb schauen wir nach verschiedenen Wegen, die Emissionen von Feinstäuben aus einer Vielzahl von Quellen zu reduzieren, auch beim Straßenverkehr. Die bereits geltenden Gesetze werden wahrscheinlich die Hersteller von Schwerlastern zwingen, ab 2005 Rußfilter einzubauen, und wir prüfen eine Verschärfung der Emissionsstandards für andere Fahrzeugkategorien.

(Zeit-Interview: Dieseln ohne Ruß und Reue, Die Zeit, 23.8.2001)

Es war daher also mehr als wahrscheinlich, dass sich die Argumente der Umweltlobby, die im Zeitverlauf auch vom ADAC unterstützt wurden, in der Öffentlichkeit durchsetzten. Auch der Vorwurf, die deutschen Hersteller mauerten gegen eine einfache, aber effektive Lösung zur Vermeidung von Gesundheitsrisiken, wurde immer lauter. Hierzu zogen Journalisten häufig einen interessanten Vergleich heran: Die Filter-Diskussion besaß danach sehr große Ähnlichkeit mit dem Streit um Katalysatoren in den achziger Jahren. Genau wie damals verweigerten sich viele Hersteller einer Technologie, die letztendlich zum Standard wurde.

Die Debatte um die Rußfilter drohte aber nicht nur zu einem Imageproblem für die deutschen Herstellern zu werden, vielmehr rückte damit im Laufe der Zeit auch die gesamte Dieseltechnologie in die kritische Betrachtung der Medien. Verstärkt wurden Aussagen gefunden, die für eine Aufhebung der steuerlichen Begünstigungen der Dieselmodelle plädierten.

Fazit

Den Gesetzen der heutigen Mediengesellschaft kann sich kein um öffentliche Aufmerksamkeit bemühter Akteur entziehen. Medien bestimmen Themen, Trends und Meinungen – vor allem in Krisen-situationen. In dieser stark medienvermittelten Welt ist eine intensive und detaillierte Beobachtung der Medienberichterstattung unerläss-lich für die Identifizierung und Analyse von potenziellen Risiken über längere Zeiträume hinweg als auch für das aktuelle Krisen-management. Bei der Medieninhaltsanalyse handelt es sich um eine effektive Methode, um eine breite Datenbasis mit vielfältigen Informationen zu eruieren, die als wichtiger Baustein für die Entwicklung eines Krisenkonzeptes fungieren kann. Es lassen sich zeitnah wesentliche Medien, Themenkomplexe und Akteure erkennen und auf ihre Bewertungen und Argumentationslinien hin verdichten. Mit diesem Instrument können ein drohender Image-schaden zuverlässig bestimmt und geeignete kommunikative Maß-nahmen zur Gegensteuerung entwickelt werden.

Antizipative Strategien: Der Krisenplan

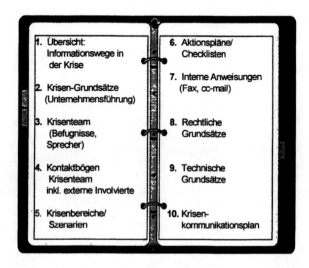

Abbildung 5: Krisen-Management-Plan

Der Krisenplan resultiert aus allen Analysen und Bewertungen von Risiken und regelt die Abläufe im Ernstfall. Erstaunlich: Nur durchschnittlich jedes dritte Unternehmen verfügt überhaupt über einen Krisenplan. Viele Manager gehen – in ihrer Auffassung durch Studien gestützt – davon aus, dass jede Krise ohnehin individuell und damit durch eine Planung nicht vorzubereiten sei.

Doch einen Krisenplan benötigt jedes Unternehmen und jede Organisation, weil es nicht möglich ist, dass eine Person direkt alle erforderlichen Aktivitäten steuern oder kontrollieren kann. Im Vorfeld einer Krise können Fachleute souverän und überlegt Abläufe systematisieren, verschriftlichen und proben. Die vorherige Auseinandersetzung mit potenziellen Krisen in

Seminaren oder Krisenteam-Workshops hilft, sicher und optimal zu reagieren, wenn es darauf ankommt. Bekanntlich macht erst Übung den Meister und schafft Selbstvertrauen bei denjenigen, die sich im Ernstfall Provokationen, Angriffen und diffizilen Situationen ausgesetzt sehen. Verschiedene Handlungsvorgänge werden so ausgearbeitet, dass sie im konkreten Krisenfall einfach und schnell auszuführen sind. Und: Der Krisenplan hilft in der akuten Krise auch deshalb, weil die zeitliche und psychische Anspannung sowie der oft eingeschränkte Handlungsrahmen wenig Spielraum dafür lassen, Vorbereitungen erst im Ernstfall zu treffen. Das angemessene, planmäßige und ruhige Verhalten in der Krise ist auf diese Weise eher sichergestellt als wenn man die Dinge auf sich zukommen lässt und einfach auf einen guten Ausgang hofft.

Der Krisenstab: Organisationsform und Führungsstruktur

Bestandteil jeder Präventivstrategie ist ein Krisenstab, der sich beispielsweise in einem Industrieunternehmen mit verschiedenen Betriebsstätten aus Vertretern folgender Bereiche zusammensetzt:

Krisen-Kernstab (wird im Krisenfall vollständig einberufen):
- Leiter des Krisenstabes,
- Assistenz,
- Krisenkommunikation,
- Werksicherheit,
- Werksfeuerwehr,
- Werksärztlicher Dienst,
- betroffener Betrieb.

Erweiterter Krisenstab (wird fallweise eingebunden):

- Personal,
- Recht,
- Finanzen/Controlling,
- Betriebsrat,
- Qualitätssicherung,
- evtl. Behörden,
- Labor.

Erfolgreich agieren kann ein Krisenstab, wenn:

- die Erreichbarkeit jedes Einzelnen absolut gewährleistet ist. Oft wird dies sichergestellt, indem im Wechsel jeweils ein Mitglied für einen bestimmten Zeitraum jederzeit erreichbar und geografisch in der Nähe sein muss.
- er innerhalb kürzester Zeit einsatzbereit ist.
- er unabhängig von der Situation immer in der gleichen Konstellation zusammentritt.
- er nach der ersten Lageeinschätzung so reduziert oder erweitert wird, dass er optimal arbeitsfähig ist.
- er über feste Räume mit adäquater technischer Ausstattung verfügt (EDV, Telefon, Drucker, Anschlüsse etc.).
- jedes Mitglied in Stabsarbeit und in Konfliktmanagement geschult ist.
- er über ausreichende Routine und Souveränität verfügt.
- er in der Lage ist, selbst zu entscheiden oder tragfähige Entscheidungen zumindest sehr kurzfristig umsetzen zu können.

Das Krisenteam muss schnell – auch außerhalb von Geschäftszeiten – zusammentreten können und jederzeit „funktionstüchtig" sein. Neben internen Zuständigkeiten und Ansprechpartnern sollte dokumentiert werden, ob und welche externen Berater im Krisenfall einzuschalten sind. In einem Handbuch oder im Intranet/Extranet müssen die Verantwortlichen mit Namen, Telefon- und Faxnummern sowie ihre jeweiligen Aufgabenbereiche und -abgrenzungen im Krisenfall festgehalten werden. Sonderkompetenzen sind zu klären. Überdies darf es innerhalb eines Krisenstabes weder Prestigedenken noch Beharren auf Hoheitsgebiete der Zuständigkeiten geben.

Last but not least: Übung macht den Meister. Der souveräne Umgang der Krisenverantwortlichen mit den Medien sollte in individuellen Medientrainings eingeübt und mindestens einmal jährlich durchgespielt werden – auch so kann die unbeabsichtigte Eskalation einer Krise vermieden werden.

Fast alle Maßnahmen zum Erkennen und Überwinden potenzieller Krisen, die im Ernstfall ineinander greifen müssen, lassen sich trainieren. Nebeneffekt: Der Rückgriff auf Planspiele entschärft in akuten Krisen nicht nur den Zeitdruck, sondern ermöglicht den Entscheidungsträgern ein rasches und trotzdem überlegtes Agieren. Zunächst aber müssen personelle und operative Strukturen entschieden und festgelegt werden, die im Krisenfall reibungslos funktionieren müssen.

Die Ausstattung eines (nicht einsehbaren und schallschutzgesicherten) Krisenraumes mit getrennten Telefonanschlüssen für eingehende bzw. ausgehende Gespräche (ISDN), Telefax, Drucker, PC mit E-Mail- und Internetanschluss, die Möglichkeit zu Video-Conferencing, TV und Radio sowie Aufzeichnungsmöglichkeiten sind Basisausstattung – jedes Teammitglied sollte i. d. R. zusätzlich mit Mobiltelefon (alle wesentlichen Telefonnummern gespeichert) oder PDM ausgestattet sein. Zu beachten ist auch, dass ein Krisenraum sich niemals in der Nähe öffentlich zugänglicher Bereiche befindet, so dass eine Pressekonferenz z. B. nicht wenige Meter entfernt auf der selben Etage durchgeführt wird – Situationen, die in der Praxis immer wieder anzutreffen sind und desaströs enden können.

Der Krisenkommunikationsplan

Wie bereitet sich ein Unternehmen kommunikativ auf eine Krise vor? Zuallererst: Durch in ihren Themen langfristig angelegte und kontinuierliche PR sowie Unternehmenskommunikation, die alle ihre „Stakeholder" in der jeweils relevanten Gewichtung pflegt. Das PR-Krisenkonzept ist wesentlicher Baustein jeder Kommunikationsstrategie. Sie kann in der Regel nur erfolgreich bestehen, wenn das Krisenmanagement mit all seinen wesentlichen Aufgabenfeldern Szenarien verabschiedet hat und ein Krisenplan vorliegt.

Auf dieser Grundlage werden die konkrete Planung, die strategischen Leitlinien, die Positionierung, die operative Umsetzung und die Maßnahmen zur Erfolgskontrolle entwickelt – individuell auf die möglichen Krisenfälle einer Organisation zugeschnitten. Das Krisenkonzept ist dann Teil des Krisenplanes.

Zu beantworten sind Fragen nach den qualitativen und quantitativen Kommunikationszielen, der Priorisierung der Anspruchsgruppen und des strategischen Kräfteeinsatzes für den Ernstfall. Schließlich sind die Instrumente und Einzelmaßnahmen zu planen, die auf die favorisierte Kommunikationsstrategie festzuschreiben sind. Die Projekte und Maßnahmen werden so individuell wie möglich auf die strategischen Zielgruppen zugeschnitten.

Die wichtigsten Instrumente für die Mitarbeiterkommunikation

An erster Stelle steht die interne Kommunikation. Mitarbeiter sind die wichtigsten Botschafter einer Organisation nach innen und außen, und sie werden bei entsprechendem Medieninteresse auch angesprochen. Um unautorisierte Statements zu vermeiden oder Äußerungen frustrierter Mitarbeiter möglichst einzugrenzen, kommt dem Dialog zwischen Führung und Mitarbeitern hohe Bedeutung zu. Allein die Erkenntnis, dass die Mitarbeiter in hohem Maße zur Wertschöpfung des Unternehmens beitragen, möge ein wesentliches Argument dafür sein, ein gutes Arbeitsklima und ein „Wir-Gefühl" im Unternehmen zu schaffen. Je motivierter ein Mitarbeiter und je stolzer er auf seinen Arbeitsplatz ist, desto höher sein Beitrag zum Unternehmenserfolg und desto positiver und loyaler auch seine nach außen vertretene Meinung. Wenn Informationen schnell, offen und wahr kommuniziert werden, hilft das den Mitarbeitern, unternehmerisches Handeln zu verstehen und nachzuvollziehen, und schützt sie davor, in Unkenntnis Tatsachen falsch darzustellen.

Die aktive Einbindung in das Unternehmensgeschehen ist dabei ein wichtiger Erfolgsparameter: Unternehmensleitlinien sollten nicht von der Führung aufoktroyiert werden. Modelle zur Werteorientierung dürfen nicht ohne den aktiven Beitrag der Mitarbeiter artikuliert werden, sondern diese sollen daran in einem bestimmten Umfang mitwirken können, um Entscheidungen des Unternehmens mit zu tragen und sich zu identifizieren.

Anders herum: Wenn die Kommunikationsmaßnahmen in Richtung der Belegschaft erst ergriffen werden, wenn die Krise bereits eingetreten ist und zudem quasi aus einem Schweigegebot bestehen, ist die Chance zu Loyalität und Integrität meistens verpasst.

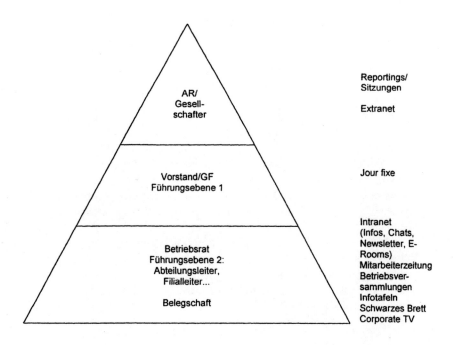

Abbildung 6: Krisenprävention und Interne Kommunikation

Die in der Grafik hierarchisierten Kommunikationsmittel sind dabei Teil einer gelebten Krisen vorbeugenden internen Kommunikation. Neben den Dialog- und Informationstools, die für die interne Kommunikation zur Verfügung stehen, werden alle Mitarbeiter mit repräsentativer Funktion gründlich auf Fragen und Antworten auf Basis eines Q&A-Kataloges geschult, der laufend aktualisiert wird – offline wie online. Argumentationsleitfäden sind zu formulieren. Der positive Effekt des damit verbundenen Aufwandes ist, dass Schwachstellen in der eigenen Kommunikationsstrategie aufgedeckt und behoben werden können.

Instrumente für die Zusammenarbeit mit den Medien

Die Instrumente für die Kommunikation mit den Medien im Krisenfall sind:

- Mediengespräche,
- Pressekonferenzen,
- Pressemitteilungen,
- Pressemappen,
- Interviews und Statements,
- Grafiken und Fotos (bzw. Footage: sendefertige O-Töne oder Filmmaterial),
- die Homepage mit eigener Presse-Site,
- eine Dark-Site, also eine zusätzlich zum Unternehmensauftritt im Ernstfall frei geschaltete Seite, um die Nutzer mit aktuellen Presseinformationen und Lagebeschreibungen schnellstmöglich gezielt zu informieren.

Es kann nicht oft genug darauf hingewiesen werden, dass die Kontaktpflege zu den Key-Journalisten eines Unternehmens und eine offene, in sich konsistente Informationspolitik in der täglichen Kommunikationsarbeit Grundvoraussetzung für den Aufbau von Vertrauen und v. a. für Vertrauensvorschuss ist. Konkret heißt das: Im Krisenfall erhöht sich die Chance, dass Medienvertreter das betroffene Unternehmen aktiv ansprechen bzw. dass der Krisenverursacher sich auch mit seiner Position

Gehör verschafft. Der gute Draht zu journalistischen Online-Medien ist ebenso obligat. Da sie enorm zeitnah berichten, sind sie neben Hörfunk und Fernsehen besonders wichtig, wenn beispielsweise sehr kurzfristig Produktrückrufe veranlasst werden müssen.

Es mag für manchen Leser profan klingen, aber es ist bemerkenswert, dass viele Unternehmen im Fall des Falles nicht über aktuelle Presse-Verteiler verfügen, dass sie keine Informationsprioritäten und Ansprechpartner bei Print- und Online-Medien, bei Hörfunk und TV festgelegt haben. Darum sei hier die explizite Empfehlung ausgesprochen, dies als Routinearbeiten in das Tagesgeschäft der Presseabteilung/des Presseverantwortlichen zu integrieren.

Weitere wichtige Vorkehrung: Welche Räumlichkeiten stehen für Medienvertreter zur Verfügung? Sind diese zugänglich, ohne dass die Besucher dafür das Werksgelände betreten müssen und so unautorisierte Aufnahmen oder Interviews von vornherein ausgeschlossen werden können? Gibt es einen technisch hervorragend ausgestatteten Raum für Pressekonferenzen, geeignet für Ton- und Bildübertragungen, sind alle erforderlichen Einrichtungen für Präsentationen vorhanden und wurde ein geeigneter Hintergrund für Aufnahmen durch Fotojournalisten ausgewählt? Gibt es für Übertragungen der Nachrichten an die Redaktionen einen separaten Raum mit Internetanschluss, Telefon und Telefax? Ist ein Handyempfang gewährleistet?

Der professionellen Pressearbeit und -betreuung kommt im akuten Fall die größte Bedeutung zu. Daher sollten all diese Schritte, die in der Regel jedem Pressesprecher in Fleisch und Blut übergegangen sind, systematisch organisiert und ihre Ausführung durch ausführliche Checklisten für die betroffenen Mitarbeiter sichergestellt werden.

Instrumente für die externe Kommunikation

Teil des Krisenkommunikationskonzeptes ist die Festlegung der wichtigsten externen Zielgruppen. Diese können – je nach Ereignis – unterschiedlich priorisiert sein.

Dazu zählen zum Beispiel:

- die Nachbarschaft einer Produktionsstätte oder einer Industrieanlage,
- Vertreter von Behörden und Institutionen,
- Politiker,
- Verbraucher der Produkte oder Dienstleistungen,
- Geschäftspartner, Kunden, Lieferanten,
- Finanzinstitute,
- Verbände und Gewerkschaften,
- Analysten,
- weitere definierte Teilöffentlichkeiten.

Als Vorbeugung gegen die Diffusion von Krisen können alle für das Unternehmen wesentlichen Zielgruppen in der geregelten Unternehmenskommunikation durch spezifisch festgelegte Kommunikationsmaßnahmen über den Geschäftszweck, die Organisation und die längerfristigen Unternehmensziele informiert werden. Einige der dafür relevanten Instrumente sind die Homepage, Broschüren, Nachbarschaftszeitung, Kundenzeitung, Events, Tage der offenen Tür, Messen und Ausstellungen sowie Imageanzeigen.

Im Falle eines Umweltstörfalles geht es allerdings um die unverzügliche Verständigung der Behörden und v. a. die Benachrichtigung der umliegenden Bevölkerung, um entweder „Entwarnung" zu geben oder um genaue Verhaltensanweisungen zu kommunizieren. In der Grafik werden die Abläufe für einen Umwelt-Störfall beschrieben. Dazu zählt die schnelle Information der Nachbarschaft über eine Hotline, die binnen kürzester Zeit frei geschaltet werden muss und deren Nummer über die Homepage und ggf. über die Medien bekannt gemacht werden sollte. Warum? Sofortige Auskunftserteilung für besorgte Bürger, sofortige Einleitung von Maßnahmen sind Gebote für ein verantwortungsvoll handelndes Unternehmen. Ein internes oder externes Call-Center muss bereits im Vorfeld gemeldeter Schäden über alle erforderlichen Basisinformationen verfügen, um im Ernstfall präzise und konkret Auskünfte geben zu können. Zusätzliches Schulungsmaterial und eine Sprachregelung für den Ernstfall ergänzen das Wissen. Ideal ist es, wenn beispielsweise intern eine Hotline mit Mitarbeitern aus dem Kundenbeschwerdemanagement organisiert werden kann. Eine möglichst große Zielgruppenabdeckung wird im Störungsfall darüber hinaus durch die Nutzung von Online-Medien sichergestellt. Sie können helfen, zeitnah bei Aufklärung, Dialog und Darlegung der Sachverhalte zu helfen.

Heute spielt die Online-Kommunikation parallel zu den klassischen Kommunikationsinstrumenten eine wichtige Rolle: Während im Issue Management laufend gegnerische Aktivitäten beobachtet werden, können dieselben Nutzergruppen im Krisenfall auf demselben Weg von dem betroffenen Unternehmen genutzt werden. Auch dieser positive Umstand ist ein Teil von entschärfender Kommunikationsarbeit.

Plan Information bei Umweltschaden (Beispiel)

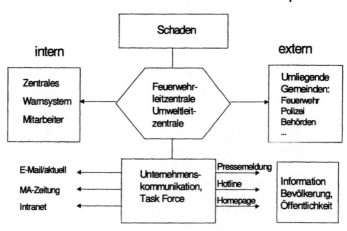

Abbildung 7: Information bei Umweltschaden

Grundsätzlich werden zur örtlichen Polizei, zur Feuerwehr sowie zu Gesundheitsämtern oder zum Gewerbeaufsichtsamt enge Kontakte geknüpft, um sich gegenseitig im Ernstfall präzise zu unterstützen. So sorgt im Falle eines Umweltstörfalles die Polizei durch Lautsprecherdurchsagen z. B. dafür, dass in der Nachbarschaft eines Werkes möglichst alle Anwohner erreicht werden. Im Fall eines Schwelbrandes im Werk, durch den giftige Bestandteile in die Atmosphäre gelangen, kann sie den Warnhinweis geben, Fenster und Türen geschlossen zu halten.

Auch in störungsfreien Zeiten ist der gute Kontakt zu den Behörden ein wichtiger Teil der Krisenvorbeugung, der im Ernstfall für einen aktuellen Informationsstand, vor allem aber für zügige und reibungslose Abläufe sorgt.

Hier noch einmal kurz zusammengefasst die wichtigsten Arbeitsschritte zur Krisen-Prävention:

Credo

▶ Es gibt keine Patentrezepte – jede Krise verläuft anders.
▶ Effektives Krisenmanagement lässt sich aber organisatorisch vorbereiten:

1. Identifikation potenzieller Krisenherde im Unternehmensumfeld,

2. Bestimmung der möglichen Krisen-Reichweite und der PR-Zielgruppen,

3. Festlegung eines Informations- und Meldesystems – von und bis zum Top-Management,

4. Bestimmung eines hochrangigen Szenario-Teams (zentrales Leit- und Kontrollorgan),

5. Schulung der Mitglieder des Szenario-Teams (insbesonders Media-Training)

6. Bereitstellung von schnellen und effektiven Kommunikationsinstrumenten.

IV. Die akute Krise – Jetzt kommt's drauf an!

Die Krise entsteht mit dem Verlust von Vertrauen.

Karl Jaspers

Wie eine Krise Medienrelevanz bekommt

Die akute Krise ist per Definition begleitet durch eine nachhaltige, ungewollte und ungeplante Existenzgefährdung eines Unternehmens und seines Fortbestandes. Sie trifft das Unternehmen trotz der immer wieder wissenschaftlich erhärteten Beweise ihrer Vorhersehbarkeit in der Regel überraschend. Wenn eine akute Krise auf öffentliches und insbesondere publizistisches Interesse stößt, ist die Situation meist nur noch begrenzt beherrschbar. Denn: Ab sofort werden unterschiedliche Gruppen Meinungen äußern, aus ihrem Blickwinkel berichten und auch werten. Die Vertrauenskrise wird zum Auslöser für weitere Krisenauswirkungen.

Fest steht: Jede Krise ist individuell. Patentrezepte gibt es nicht. Aber: Die professionelle Krisenprävention hilft in der akuten Situation, souverän, optimal und sicher durch stürmische See zu steuern – auch bei ungewissem Ausgang greifen die Mitglieder eines Krisenteams auf Routinen zurück. Dadurch sind sie in jeder Hinsicht standfester.

Nur jedes dritte Unternehmen ist Untersuchungen zufolge tatsächlich auf den Ernstfall vorbereitet. Viele Manager glauben auch angesichts ihrer Kosten-Nutzen-Betrachtung nicht daran, dass eine professionelle Vorbereitung tatsächlich Mehrwerte im

Management und in der Kommunikation bei einer akuten Krise erzielt, dass Prozessabläufe dadurch positiv beeinflussbar wären. Häufig existiert die optimistische Unterstellung, dass es schon gut gehen werde und man ohne viel Aufwand glimpflich davon komme, getreu dem rheinländischem Motto „Et hat noch immer jut jejange!". Eine andere Erklärung: Die Wahrscheinlichkeit, dass es mich erwischt, ist so gering, dass ich nichts unternehme. Experten wie Frank Roselieb vom Institut für Krisenforschung gehen davon aus, dass heutzutage 80 % der Krisen überraschend auftreten. Aber inwieweit sind sie beherrschbar?

Die vielen Beispiele aus der weiteren und näheren Vergangenheit zeigen, dass unprofessionelles und ungeschultes Verhalten auf Jahre hinaus Image- und Finanzeinbußen in enormen Höhen nach sich zieht.

Entscheidend ist, dass die Verantwortlichen in Sachen Krisenmanagement pro-aktiv agieren und offensiv kommunizieren. Journalisten aktiv ansprechen heißt, sich Gehör verschaffen; dagegen auf den Anruf eines Journalisten zu warten heißt, auf vorgefertigte Fragen reagieren zu müssen. Allzu oft sind Betroffene, Politiker und andere Interessengruppen bereits interviewt, bevor die Medienvertreter aktiv auf das Unternehmen zugehen – Meinungen sind dann schon manifestiert. Die Folge: Das eigene essenzielle Statement rangiert hinter denen anderer. Glaubwürdigkeit, Betroffenheitsaspekt und Übernahme von Verantwortung werden im Meinungsbild der Zielgruppen dann schnell angezweifelt.

Offensive Kommunikation dagegen erhöht den Meinungsvorsprung und verhindert zugleich den Zwang zur Rechtfertigung. Abwarten schränkt demgegenüber Handlungsspielräume zusehends ein, verunsichert erst Mitarbeiter und dann die Öffentlichkeit. Unzureichendes Krisenmanagement kann zu einem wahren Kommunikationsdesaster führen. Schwächen in der Öffentlichkeitsarbeit wiegen dabei manchmal schwerer als die eigentlichen Ereignisse selbst: Sind Kunden, Lieferanten, Banken oder Aktionäre erst einmal irritiert, weil Sachverhalte unbefriedigend kommuniziert wurden, können unberechenbare Reaktionen bis hin zu Panikverkäufen von Aktien die Folge sein.

Nachrichtenfaktoren und ihr Einfluss auf Publizität

In den vorangegangen Kapiteln haben wir uns umfassend mit konkreten Krisensituationen und ihrem Ausgang beschäftigt sowie die klassischen Wege von Krisenprävention aufgezeigt.

Um die Ursachen von Medienaufmerksamkeit zu verstehen, ist aber die Auseinandersetzung mit den wesentlichen Nachrichtenfaktoren sinnvoll, wie Klaus Merten sie beschreibt. Diese Nachrichtenfaktoren gelten als Thermometer dafür, wie Journalisten den Wert einer Nachricht beurteilen. Elf unterschiedliche Indikatoren erlauben eine gewisse Planung der Intensität von Medieninteresse. Auf eine konkrete Krisensituation übertragen sind dies:

1. Frequenz

Stimmen der zeitliche Ablauf eines Ereignisses mit der Erscheinungsweise von Medien überein, so ist eine Grundvoraussetzung geschaffen, dass es zu einer Nachricht kommen kann.

Am Beispiel des Kabelnetzbetreibers **ish** werden die einzelnen Umstände, die einen Nachrichtenwert begleiten, dargestellt. **Ish** hatte in Köln Ende der neunziger Jahre das Kabelnetz der Deutschen Telekom für Nordrhein-Westfalen übernommen. Das Unternehmen wollte dieses Netz ausbauen und neue Dienstleistungen anbieten. Es kam dabei zu einer Pannenserie in einigen Städten und Gemeinden, die zum Einzugsgebiet gehörten.

Daraus resultiert, dass diese Serie von technischen Pannen für Medien mit täglicher und wöchentlicher Frequenz im Reichweitengebiet Nachrichtenwert besitzt: Immer dann, wenn ein Medium erscheint, kann es über eine Panne berichten.

2. Schwellenfaktor

Der Redakteur schätzt die Bedeutung einer Nachricht subjektiv ein und hat dabei das Interesse des Lesers im Auge. Im Falle **ish**

131

ist es hier der Lokaljournalist, der den Pannen einen gewissen Schwellenwert beimisst.

3. Eindeutigkeit

Je klarer und deutlicher sich der Fall darlegt, desto eher hat er das Zeug zur Nachricht.

4. Bedeutsamkeit

Die persönliche Betroffenheit wird hier zum Gradmesser für den Nachrichtenwert. Für die Kabelnutzer in den Gemeinden und Städten haben die technischen Probleme Auswirkungen, weil sie ihre TV-Geräte über weitere Strecken nicht nutzen können. Wenn es nun zu breitflächigen Ausfällen käme und das Ereignis mit der Übertragung eines Europameisterschaftsspieles im Fußball zusammenträfe, dann ist die Tragweite so bedeutsam, dass es zur Schlagzeile auch in überregionalen Medien kommt.

5. Erwartung

Stimmt das Thema mit verankerten Vorstellungen und Erwartungen überein, dann ist ebenfalls eine Nachricht wahrscheinlich.

Beim Beipiel **ish** haben die Kunden, die vom Sendeausfall betroffen waren, ihre Erwartungen an die Nachricht und die erlebte Realität als deckungsgleich empfunden. Jeder Pressesprecher ist hier gut beraten, wenn er antizipiert, dass der Journalist die Leserinteressen vertritt.

6. Überraschung

Aufsehen erregende Nachrichten wie ein Senderausfall – möglicherweise bei einem Fußball-Länderspiel – bewirken Kontinuität in Gestalt vertiefender Hintergrundberichterstattung. Der Programmausfall bei **ish** wäre in diesem Fall der Kern des Ereignisses, Hintergründe über den Kabelmarkt oder etwa die neue

Technologie wären Anknüpfungsthemen, die eine Kernnachricht an anderen Stellen vertiefen.
Alle Ereignisse, die unvorhergesehen eintreten, über die aber bereits eine gewisse Grundinformation besteht, finden in der Berichterstattung von vornherein große Aufmerksamkeit.

7. Kontinuität

Das Thema oder Ereignis wird auf längere Sicht beobachtet und im Falle neuer Begebenheiten oder im Zusammenhang mit ähnlichen Ereignissen von den Medien weiter bearbeitet.

8. Variation

Liefert diese Nachricht einen zusätzlichen Aspekt zum Nachrichtenbild eines bereits bekannten Themas und liefert dieser für die Berichterstattung einen Mehrwert? Dann wird sie veröffentlicht.

9. Bezug auf führende Persönlichkeiten

Sind bekannte oder prominente Personen in ein Ereignis involviert, so hat die Nachricht entsprechend hohen Stellenwert. Wenn wir den fiktiven Fall eines Senderausfalles im Verantwortungsbereich von **ish** weiter ausmalen und davon der Bischof von Köln betroffen wäre und sich äußerte, so ist die Nachricht perfekt und spektakulär.

10. Personalisierung

Steht das Ereignis in engem Zusammenhang mit den Aktivitäten und dem Schicksal von Menschen, so ist dies z. B. für die Yellow Press von Bedeutung. Die Fokussierung von Medien auf eine Person in einem Unternehmen, gepaart mit einer möglicherweise jahrzehntelangen extrem rigiden Informationspolitik, führt zwangsläufig zu hohem Medieninteresse. Muss beispielsweise der Bürgermeister der Stadt Köln auf die Fußballübertragung verzichten, weil ish einen Sendeausfall melden muss, dann ist von einer großen Schlagzeile in der Kölner Lokalpresse auszugehen.

11. Negativismus

„Bad news are good news": Die Tendenz, insbesondere negative Nachrichten zu bringen, hat in den vergangenen Jahrzehnten exponentiell zugenommen – nicht zuletzt durch die enorme Medienflut und den einhergehenden Wettbewerb. Darum kommt Krisenthemen besondere Aufmerksamkeit zu.

Zusammenfassend heißt das: Wenn einer oder mehrere dieser Nachrichtenfaktoren eintreffen, dann steigt die Wahrscheinlichkeit einer mehr oder minder prominenten Medienaufmerksamkeit.

Der Lebenszyklus von Nachrichten

Wenn ein Thema erst einmal zur Nachricht und die Krise damit öffentlich geworden ist, so ist eine Einflussnahme nur in begrenztem Ausmaß machbar, doch es gibt strategische Optionen, die Intensität der Berichterstattung und die Lebensdauer der Nachricht mitzubestimmen.

So lässt sich etwa der Höhepunkt der kritischen Berichterstattung durch das Zurückhalten relevanter Informationen zwar zeitlich verschieben, doch gleichzeitig können immer neue Enthüllungen dafür sorgen, dass das Medieninteresse wach bleibt. Jede Krise hat ihre spezifischen Ausprägungen, aber es gibt typische Krisenverläufe:

Zu Beginn einer Krise ist das Medieninteresse überproportional hoch und entspricht einem steilen Kurvenverlauf nach oben. Das betroffene Unternehmen, die Person oder die Institution steht im Brennpunkt des Interesses. Diese intensive Phase der Medienaufmerksamkeit ist nicht nur eine Gefahr, sondern bietet auch eine Menge Chancen. Ein mit Bedacht handelndes Unternehmen nutzt die Fokussierung bestenfalls auch, um positive Aspekte des Unternehmens in das Statement, in das Interview oder die Pressemitteilung einzuflechten und damit das Stimmungsbarometer in der Öffentlichkeit mit zu beeinflussen. Hier ist die Chance, neben einer Stellungnahme insbesondere auch positive Nachrichten zu übermitteln, weil die Zahl der erreichbaren Stakeholder (aller am Unternehmen mittel- oder unmittelbar interessierten Teilöffentlichkeiten) überproportional groß ist.

Diese Phase hält in der Regel solange an, bis keine überraschenden oder brandaktuellen Ereignisse mehr zu erwarten sind, in der Regel wenige Tage bis maximal zwei Wochen.

Wenn die Medienaktivitäten ihren Höhepunkt erreicht haben, sind alle wesentlichen Nachrichten an die Öffentlichkeit verbreitet und es tritt eine Kontinuitätsphase oder sogar ein erstes Abflachen in der Intensität der Berichterstattung ein. Das Thema ist nicht mehr der Aufmacher einer Zeitung oder Sendung. Hier besteht für das betroffene Unternehmen neben der offenen und kontinuierlichen Information über den Sachstand hinaus die Möglichkeit, solche Botschaften einzubringen, deren Vorbereitung einige Zeit in Anspruch genommen haben. Dazu zählen Expertenstatements, die Vorstellung von ersten Untersuchungsergebnissen, die konkrete Beschreibung eingeleiteter Maßnahmen, um für die Zukunft besser gerüstet zu sein, die Berichterstattung über eingeleitete Arbeitsschritte und die vertrauensvolle Zusammenarbeit mit den Behörden bis hin zu Aussagen von Personen, die von der Krise betroffen sind oder waren.

Das Abklingen und letztlich das Ende des öffentlichen Interesses geht einher mit der Verschiebung der aktuellen Nachrichtenlage. Neue Ereignisse überlagern das Tagesgeschehen, in das Bewusstsein der Öffentlichkeit drängen neue Themen, Ereignisse und Bilder. Das Unternehmen kann jetzt die Nachbereitungsphase einleiten. Unternehmensführung und Krisenteam diskutieren die Learnings aus der Krise und vor allem die Möglichkeiten, diesen Fall oder ähnliche Fälle in der Zukunft zu vermeiden. Was werden die vom Unternehmen bestimmten Themen in den nächsten Monaten sein?

Je nach Schweregrad einer Krise gehen Untersuchungen davon aus, dass der Lebenszyklus von Nachrichten im Durch-

135

schnitt drei Monate nicht überschreitet. Allerdings: Wenn einer Unternehmenskrise nach kurzer Zeit bereits eine weitere folgt, dann ist die Gesamtdauer dieser Imagekrise nicht absehbar. Dauerbrenner seit 2000 ist, wie vorgestellt, Ford USA, die nach dem Milliarden-GAU Explorer schon kurze Zeit später das nächste skandalverdächtige Modell mit dem Focus lieferten. Ähnlich ergeht es DaimlerChrysler: Der Konzern war in letzter Zeit mit seinen Beteiligungen auf dem asiatischen Markt glücklos. Zunächst lieferte Mitsubishi im Laufe des Jahres 2004 in regelmäßigen Abständen Unternehmensnachrichten im Hinblick auf Führungsschwächen und Management-Wechsel, Finanzprobleme und auch Produktrückrufe – bis sich der Weltkonzern und Mitsubishi trennten. Danach machte die einzig verbliebene Partnerschaft mit dem asiatischen LKW-Unternehmen FUSO DaimlerChrysler-Chef Schrempp einen Strich durch die Rechnung: Das FUSO-Management wurde verhaftet, weil es Untersuchungsunterlagen zu Mängeln fälschte und damit erforderliche Produktrückrufe vereitelte. Personenschäden waren bereits aufgetreten, eine schwerwiegende strafrechtliche Verfolgung ist zu erwarten. Zwar wird DaimlerChrysler seinerseits Schadenersatz von seiner 65-prozentigen Beteiligung an FUSO fordern, doch: Die Welt AG-Strategie, das Image des Unternehmens und seines Chefs haben erheblichen Schaden genommen. Ein Ende des Lebenszyklus zum Thema „angeschlagene Welt-AG" ist im Sommer 2004 nicht abzusehen, ein Strategiewechsel als Rettungsanker für die weltweite Unternehmenskommunikation blieb bis dato offen.

Vorbildlich löste der Discounter Aldi im Dezember 2001 einen auflodernden Krisenfall, als sich Vorwürfe mehrten, dass mit Salmonellen verseuchte Schokolade der Storck-Tochterfirma Wiha im Angebot sei. So sehr das Unternehmen normalerweise die Öffentlichkeit meidet, setzte es in diesem Fall doch auf gläserne und pro-aktive Informationspolitik. Discounter und Hersteller riefen in einer gemeinsam abgestimmten Aktion die betroffenen Schokoladensorten nicht nur aus den Regalen, sondern mit Unterstützung durch die Medien auch vom Verbraucher zurück. Diese vorsorglichen und unverzüglich eingeleiteten Maßnahmen zeigten ihren Erfolg: Das Image der

Marke Aldi wurde durch den Vorfall nicht beschädigt, auch für die Premium-Marke Storck, bekannt durch Marken wie Merci oder Werthers Echte, gab es positive Presse und somit einen Imagezugewinn als schnell und verantwortungsbewusst handelndes Unternehmen. Effekt: Nach sehr kurzer Zeit war das Thema „verseuchte Schokolade" aus den Medien verschwunden – ein wünschenswert kurzer Lebenszyklus einer skandalträchtigen Schlagzeile.

Die typischen Krisenverläufe in den Medien teilen sich in drei Phasen:

Phase 1:
Das publizistische Interesse steigt am Beginn steil an.

Phase 2:
Die Medienaktivitäten erreichen ihren Höhepunkt, die Informationen verdichten sich, die Gesamtsituation wird dargestellt.

Phase 3:
Verschiebungen in der Aktualität sorgen dafür, dass das Thema nicht mehr aufgegriffen wird und so dem Bewusstsein der Öffentlichkeit nicht mehr sehr präsent ist.

Die Rolle der Medien und die Enstehung von Skandalberichten

Die Medien genießen bei ihren Lesern, ihren Zuschauern und Zuhörern ungewöhnlich hohe Glaubwürdigkeit – die Rezipienten gehen nicht von Falschmeldungen oder Desinformation aus, sondern verlassen sich auf „saubere" Recherche durch die zuständigen Redakteure. „Meinungen sind Tatsachen", sagte bereits der griechische Philosoph Epedikt, und das bedeutet so viel wie: Eine veröffentlichte Nachricht schafft im Bewusstsein der Öffentlichkeit Wahrheiten und manifestiert Meinungen über eine Sachlage. Es ist schwierig, diese Meinungen, also Einstellung und Verhalten, zu ändern. Und: Es ist für Eingeweihte schwierig zu erkennen, inwieweit solcherart entstandene Meinungen vom tatsächlichen Sachverhalt abweichen können. Durch die Veröffentlichung in den Medien verselbständigt sich ein Thema häufig. Je breiter die Aufmerksamkeit, desto weitreichender die Medienresonanz. Dies wird dadurch unterstützt, dass sich seit langer Zeit auch der Wettbewerb der Verlage und Medienunternehmen und damit der Kampf um verkaufte Auflagen, Einschaltquoten und Marktanteile verschärft.

Umso wichtiger ist es für Kommunikationsverantwortliche, das Selbstverständnis von Medienvertretern nachzuvollziehen: Sie haben an erster Stelle ein legitimes Interesse an der Aufklärung des Verbrauchers oder von Teilöffentlichkeiten. Sie betrachten sich als deren Anwalt und als Mahner der Organisationen. Außerdem wollen sie in der Regel zur Aufklärung von Risiken und Problemen aktiv und damit oft auch wertend beitragen.

Häufig schätzen Unternehmensvertreter Medien so ein, dass diese es nur darauf anlegen, negativ zu urteilen, zu schreiben, zu bewerten. Darum wiegeln viele Manager Anfragen ab. Aus Unsicherheit, aus Arroganz, aus der Angst heraus, dass ihnen das Wort im Munde herum gedreht würde, geben sie keine Auskünfte. Doch bevor diese ablehnende Haltung weiter kultiviert wird, sei der Hinweis gestattet, sich doch einmal auf die Seite des Medienvertreters zu begeben und darüber nachzudenken, was ihn bei der Fragestellung treibt und ob möglicherweise etwas verschwiegen werden soll, was nicht 100 % kommunikationstauglich ist.

Sensationsgier macht den Skandal perfekt

Die Steigerung von Negativschlagzeilen in der öffentlichen Krise ist der Skandalbericht: Sehr überraschende bzw. spektakuläre Ereignisse werden insbesondere von den Boulevardmedien mit heftigen Schlagzeilen honoriert. Ein Skandal entsteht, wenn echter Sensationscharakter eintritt, also immer dann, wenn es echtes Bedrohungspotenzial gibt, wenn emotionale Übergriffe im Spiel sind, wenn Menschen und vor allem Kinder zu Schaden kommen oder wenn sich Prominente viel beachtete „Fehltritte leisten". Medien erkennen den Nutzwert eines Skandals unverzüglich.

Im Verlauf der letzten Jahrzehnte – einhergehend mit der Informationsüberflutung – neigen Medien verstärkt zu Negativschlagzeilen und Skandalberichterstattung. Darüber hinaus belegen Studien, dass Recherchen ausgewählter Medien immer wieder unzureichend ausgeführt werden, was Reputationsschäden für Personen und Unternehmen geradezu provoziert. Das Extrembeispiel dafür, wie Nachrichten priorisiert werden, liefern die entsetzlichen Ereignisse des „11. September". Der Terroranschlag in New York war weltweit dominantes Medienthema und drängte alle anderen Meldungen weit in den Hintergrund. Es ging um bewegende Themen wie Terror, Zerstörung, Tod tausender Menschen und die nackte Erkenntnis, dass so ein Anschlag überhaupt möglich ist. So war der Beginn der Haushaltsdebatte im deutschen Bundestag – im Normalfall immer ein Titelthema deutscher Tageszeitungen – beispielsweise erst auf Seite vier in der Ausgabe des Handelsblatts vom 12. September 2001 nachzulesen.

Mit zunehmender Tendenz wohnen den meisten Menschen Sensationslust und damit einhergehende Instinkte inne. Diese werden von vielen Printmedien, Fernseh- und Hörfunksendungen sowie Online-Medien geradezu konditioniert. Es ist ihr täglich Brot, durch entsprechende Schlagzeilen die Sensationsgier zu befriedigen. „Gift in Marmelade", „Elchdesaster: Alle sind gekippt", „Babytod durch Sojamilch", „Salmonellen in Schokolade", „Ackermann – Schöpferische Zerstörung" sind skandalträchtige Headlines, die zum einen klar Missstände anprangern, zum anderen Emotionen schüren und Verbraucher oftmals alleine lassen, wenn es um sachliche Aufklärung geht.

Ein Exempel aus der jüngeren Vergangenheit ist der Fall „Dasani" – ein Paradebeispiel für einen Skandal: In England wurde mit enormem Werbeeinsatz das neue Tafelwasser der Marke Coca-Cola eingeführt. Was erst später bekannt wurde: Es handelte sich schlicht um angeblich gereinigtes Leitungswasser, das zudem mit potenziell krebserregenden Stoffen behandelt wurde.

Ein Skandalthema aus dem Bilderbuch, mit dem die Marke Dasani für immer von der Bildfläche verschwand.
Meist ist es ein Gerücht oder ein vermeintliches Geheimnis, das offenbart wird. Indiskretionen durch frustrierte Mitarbeiter (vgl. auch das Kapitel „Produkterpressung"), aber auch gezielt von Wettbewerbern gestreute Behauptungen (vgl. das Kapitel „Wettbewerbskrieg") führen zu unabsehbaren Folgen für den, der an den Pranger gestellt wird. Hinzu kommen Menschen, die sich durch Enthüllungen profilieren wollen. Immer enthalten diese Offenbarungen destruktives Potenzial – die Lust an der Vernichtung, ein Aspekt, der dann in den Skandalbericht einfließt.

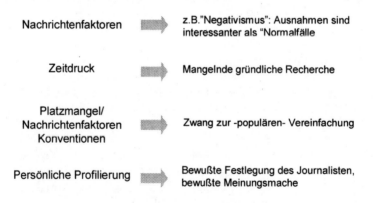

Einflußgrössen auf die Publizität (Auswahl)

Nachrichtenfaktoren	→	z.B."Negativismus": Ausnahmen sind interessanter als "Normalfälle
Zeitdruck	→	Mangelnde gründliche Recherche
Platzmangel/ Nachrichtenfaktoren Konventionen	→	Zwang zur -populären- Vereinfachung
Persönliche Profilierung	→	Bewußte Festlegung des Journalisten, bewußte Meinungsmache

Abbildung 8: Einflussgrößen auf Publizität

Die entsprechenden Einflussgrößen in der Grafik kennzeichnen, warum es überhaupt zu der Skandalnachricht kommt: Neben den beschriebenen Nachrichtenfaktoren sind es:

- Wettbewerbsdruck, der zu sensationsheischender und populärer Wortwahl verleitet,
- die Meinungsmache von Journalisten, die durchaus parteiisch berichten und öffentlich anklagen
- sowie mangelhafte Recherche in Zusammenhang mit Zeitdruck.

Fallbeispiel: Der Fall Enron hat die Wirtschaftswelt verändert

Houston, Texas, 1985: *Houston Natural Gas* und *Internorth* fusionieren zu *Enron*. Binnen kurzer Zeit entwickelt sich *Enron* zum Klassenprimus. Das Wachstum scheint ungebremst, jahrelang gilt Enron als Anlagetipp. Im Dezember 2001 findet der Höhenflug ein jähes Ende: *Enron* meldet Konkurs an. Der Skandal ist perfekt: Kriminelle Delikte mit weit reichenden Folgen für die Wirtschaftsprüfer-Branche und Wirtschaftsunternehmen weltweit. Seitdem beschäftigt der Fall wegen Bilanzfälschungen amerikanische Gerichte und Kongressausschüsse.

In den Untergang involviert: die Wirtschaftsprüfungsgesellschaft *Arthur Andersen*. Sie muss sich Vorwürfen, die dubiosen Buchhaltungspraktiken Enrons gedeckt zu haben, stellen. Problem: David Duncan, einer der wesentlich in den Skandal verwickelten Mitarbeiter von *Arthur Andersen*, betreibt Vergangenheitsbewältigung auf seine Weise und vernichtet belastendes Material. Was Duncan übersehen hatte: Im Zeitalter digitaler Information gelangen per E-Mail versandte belastende Informationen schnell in die falschen Hände. Im Falle Enrons landen sie in den Mailboxen der Redaktion des Wirtschaftsmagazins *Business Week*. Und dies setzt den Skandal richtig in Gang. Nach Veröffentlichung der Vorgänge verklagt die amerikanische Regierung *Arthur Andersen* wegen Justizbehinderung. In der Folge springen weltweit Auftraggeber bei *Andersen* ab. –Im Frühjahr 2002 entließ das angeschlagene Traditionsunternehmen 7 000 der rund 26 000 Beschäftigten.

Dabei hatte *Arthur Andersen* eigentlich Erfahrung in Sachen Krisenmanagement: *Enron* war nach *Waste Management* und *Sunbeam* der dritte Skandal, in den das Unternehmen verwickelt war. Doch professionalisiert wurde der Umgang mit Krisen nicht: Statt pro-aktiv vorzugehen, versuchten die Wirtschaftsprüfer jedes Mal erneut, die Skandale zu vertuschen. Kurzfristige wirtschaftliche Interessen ließen die Firmenleitung offensichtlich den Existenz bedrohenden Charakter der Krise übersehen.

Arthur Andersen-Chef Joseph Berardino tat seinen Teil zur Eskalation der Krise dazu, als er im Februar 2002 vor einem Untersuchungsausschuss Rede und Antwort zu *Enron* stand. Statt Fragen zu beantworten, erging er sich in langatmigen Statements, wie die Branche zu reformieren sei. Zudem schob er die Schuld auf den ehemaligen Klienten-Mitarbeiter hätten die Verschleierung angezettelt und sein Unternehmen könne nichts für die Ereignisse. Branche, Zuschauer und Medien reagierten empört: Der Auftritt sei nichts als ein Ausweichmanöver und verfolge das Ziel, von den Fakten abzulenken. –Der perfekte Skandal für Medien und Öffentlichkeit.

Arthur Andersen ist ein Paradebeispiel dafür, wie gezielte Versuche, Probleme zu verschleiern, ein ganzes Unternehmen in den existenziellen Abgrund stürzen können. Denn eigentlich hatten 99 % der Mitarbeiter weltweit weder mit *Enron* noch mit den Praktiken des involvierten *Arthur Andersen*-Teams zu tun. Trotzdem waren die Verantwortlichen nicht in der Lage, eine offensive Kommunikationsstrategie insbesondere zu den Klienten zu entwickeln.

Noch heute berichten die Medien über den Fortgang des *Enron*-Gerichtsverfahrens. Aber weitaus schwerer wiegen die im Gefolge des Vorgangs verschärften Regeln der Gesetzgeber. Mit dem amerikanischen Sarbanes-Oxley-Gesetz wurden die Zügel zur Kontrolle der internationalen Wirtschaft enorm angezogen. Manager laufen dadurch schnell Gefahr, sich wegen Pflichtverletzungen strafbar zu machen. So genannte Managerhaftpflicht-Versicherungen (D&O) erleben darum einen wahren Boom, obwohl sie tatsächlich nur einen überschaubaren, kleineren Teil der Risiken von Managern abdecken. Die Freiheiten unternehmerischen Handelns und das Vertrauen in die Welt der Wirtschaftsunternehmen und Wirtschaftsprüfungsgesellschaften haben sich dramatisch negativ verändert.

Das Wesen des Skandals

Wenn schlechte Nachrichten die Reputation eines Unternehmens angreifen, ist der Skandal meist schon perfekt. Doch nicht jeder Sensationsbericht muss zum Skandal werden. Dazu sind vielmehr zwei wesentliche Aspekte zentral: Der Sensationscharakter der Meldung und die dadurch erreichte breite Aufmerksamkeit, die meist eine Folge der Berichterstattung ist. Im Regelfall wird ein Gerücht oder eine vermeintliche Tatsache aufgedeckt, und die Offenbarung nimmt ihren Lauf. Durch die Veröffentlichung in den Medien verselbstständigt sich das Thema und findet je nach allgemeiner Nachrichtenlage den Weg in die Schlagzeilen. Typische Skandalberichte geben vor, Missstände anzuprangern. Meist verunsichern sie die Öffentlichkeit aber eher durch die reißerische Form der Berichterstattung. Anstatt den Verbraucher aufzuklären, werden Emotionen geschürt, die das Thema inhaltlich nur in den seltensten Fällen weiterbringen. Der Nutzen liegt dann allein bei dem Medium, das die verkaufte Auflage bzw. seine Quote erhöhen konnte.

Exkurs – Recht

Dr. Knut Schulte geht im folgenden Beitrag darauf ein, wie sich Betroffene in Skandalsituationen rechtlich absichern können und welche Möglichkeiten es gibt, sich zu wehren. Darüber hinaus widmet sich der Autor den rechtlichen Aspekten der Corporate Governance Regeln:

Knut Schulte
Forensik und rechtliche Schritte gegen Medien

Anmerkungen eines mittelstandsberatenden Rechtsanwaltes

„Bloß keine Anwälte, wir haben jetzt genug Probleme!" – diese Aussage traf ein Vorstandsmitglied eines Unternehmens, dem ein bekanntes Nachrichtenmagazin soeben beträchtliche Produktmängel vorgeworfen hatte. Dieser Abwehrhaltung liegt ein ebenso nachvollziehbares wie fatales Vorurteil zu Grunde: In der Krisensituation werden Rechtsanwälte nicht oder viel zu spät eingeschaltet, weil landläufig die Vorstellung vorherrscht, dass sie mit ihrer „juristischen Herangehensweise", die für realitätsfremd erachtet wird, zu Problemlösungen nichts Vernünftiges beizutragen hätten.

Tatsächlich tun sich Juristen gelegentlich schwer, ihr starres angelerntes Korsett des reflexartigen Geltendmachens von Ansprüchen zu Gunsten der Opportunität und zum Nutzen des Mandanten abzulegen. Für wirklich gute Anwälte ist ein Vorgehen mit Bedacht aber eine Selbstverständlichkeit. Darin dürfte der Grund liegen, dass immer mehr Kommunikations- und Krisenberater frühzeitig versierte Rechtsanwälte einbinden, wenn es um die Bewältigung von (Medien-)Krisen geht. Andersherum haben wirtschaftsberatende Anwälte erkannt, dass die Begleitung forensischer, also sich in staatlich vorgegebenen Verfahren abspielender, Auseinandersetzungen durch PR-Experten auch dem juristischen Erfolg zuträglich sein kann. Die Aufgabe des Anwaltes ist es, die rechtlichen Möglichkeiten aufzuzeigen; der Krisenkommunikationsexperte muss das betroffene Unternehmen oder die betroffene Person beraten, ob und ggf. wie diese Möglichkeiten genutzt werden. In diesem Sinne sollen die folgenden Ausführungen verstanden werden: Nicht alles, was juristisch machbar ist, ist in der Krise auch empfehlenswert, gleichwohl ist die Kenntnis der eigenen Möglichkeiten und Waffen unerlässlich für die Entscheidung, welche davon benutzt, nur gezeigt oder besser in der Waffenkammer gelassen werden.

Auf zwei Felder der anwaltlichen Beratungspraxis im Zusammenhang mit (Medien-)Krisen soll im Folgenden eingegangen werden: die Vermeidung der Krise durch vorbeugende organisatorische Maßnahmen innerhalb von Unternehmen und die Reaktionsmöglichkeiten bei Eintritt der Krise, wenn also das Kind bereits im Brunnen liegt.

1. Krisenvermeidung durch rechtskonforme Organisationsstrukturen

Formales ...

Wer nicht gut aufgestellt ist, ist angreifbar. Gleichgültig, auf welchem Vorfall oder Umstand eine abträgliche Medienberichterstattung beruht: Wer organisiert ist und keine „Leichen im Keller hat", kann mit Selbstbewusstsein und Souveränität reagieren. Für clevere, ausgebuffte Rechercheure – seien es Journalisten oder Juristen – wird schnell erkennbar, ob ein Unternehmen „vernünftig organisiert" ist oder nicht. Der Schluss liegt nahe, dass ein schlecht organisiertes Unternehmen zwangsläufig Fehler macht (*„Kein Wunder, dass das passiert ist ...")*.

Solche Indizien für schlechte Aufstellung können in der Nichtbeachtung rechtlicher Vorgaben liegen.

Einige Beispiele:

- Die Website eines Unternehmens enthält nicht die rechtlich vorgeschriebenen Angaben nach dem Teledienstegesetz, z. B. über die Geschäftsführung, den Unternehmenssitz etc.
  (*„Warum eigentlich nicht? Wurde die Website etwa ohne professionelle Unterstützung zusammengeschustert?")*
- Der Briefkopf des Unternehmens enthält nicht die nach dem Handelsgesetzbuch erforderlichen Angaben oder der Rechts-

formzusatz (z. B. GmbH, AG, OHG, KG etc.) fehlt. *(„Ist denen eigentlich nicht klar, dass sie ohne den Zusatz Gefahr laufen, in persönliche Haftung zu geraten?")*

- Das Handelsregister: Frühere Geschäftsführer oder Prokuristen werden noch als aktiv geführt und nicht aus dem Register gelöscht oder Sitzverlegungen nicht eingetragen. *(„Sind die immer so schlampig?")*

- Wichtige Unternehmensprodukte sind nicht oder nur unzureichend markenrechtlich geschützt; Marken verfallen, weil sie nicht ordnungsgemäß „gepflegt" werden. *(„Wenn die schon in eigener Sache nicht aufpassen, was ist dann mit den Kunden...?")*

Es gibt eine Reihe formaler gesetzgeberischer Vorgaben, deren Einhaltung bei vernünftiger Organisation leicht ist und deren Nichteinhaltung im Krisenfalle als Indiz für Organisationsdefizite herangezogen werden kann. Wer die Vorgaben einhält, kann „mit breiter Brust" darlegen, dass er die hergebrachten „Grundsätze guter Unternehmensführung" wahrt, und dass der Krisenfall trotz und nicht wegen der Unternehmensorganisation eingetreten ist. Neudeutsch werden diese „Grundsätze guter Unternehmensführung" unter dem Stichwort „Corporate Governance" zusammengefasst.

Corporate Governance – die „Grundsätze guter Unternehmensführung"

Der Kodex

Zur Corporate Governance existieren Grundsätze, die im „Deutschen Corporate Governance-Kodex" zusammengefasst sind. Der Kodex ist das Arbeitsergebnis einer Regierungskommission, die Anfang des Jahres 2002 von der damaligen Bundesjustizministerin eingesetzt wurde, um das Vertrauen ausländischer Investoren in den Wirtschaftsstandort Deutschland und seine Unternehmen zu stärken. Er wendet sich in erster Linie an börsennotierte Gesellschaften, wird aber auch für nicht börsennotierte Gesellschaften jeglicher Rechtsform und Größe empfohlen. Er enthält Aussagen über die interne Organisation und die Transparenz von Unternehmensentwicklungen. Der Kodex gibt Empfehlungen über die unternehmensinterne Kontrolle durch Aufsichtsräte/Beiräte und setzt Maßstäbe auch für die Publizität der Vergütung von Führungskräften.

Die Einhaltung der Empfehlungen des Kodex kann für ein Unternehmen in der Krise zu einem starken Argument werden: So lässt sich etwa einem Presseartikel unter der Schlagzeile *„Die Geschäftsführer der X-KG – Abzocker in Nadelstreifen"*, der über vermeintlich viel zu hohe Vergütungen der Führungskräfte bei gleichzeitiger Massenentlassung von Hunderten von Fabrikarbeitern berichtet, entgegenhalten, dass die Behandlung der Vergütung vollumfänglich – und nachprüfbar – den Empfehlungen der allgemein anerkannten und von Regierungsseite eingesetzten Corporate Governance-Kommission entspricht. Da der Kodex nicht börsennotierte Unternehmen nicht bindet, lässt sich dies sogar mit dem Hinweis auf die freiwillige Unterwerfung unter diese „Grundsätze guter Unternehmensführung" verbinden.

Organisation

Gute Organisation ist stets mit klaren Zuständigkeiten und Aufgabenverteilungen verbunden. Deshalb empfiehlt es sich, für Leitungs- und Geschäftsführungsgremien Geschäftsverteilungspläne vorzusehen. Darüber hinaus sollte – den Empfehlungen des Kodex folgend – ein unternehmensinternes Kontrollorgan eingerichtet werden, also ein Beirat oder Aufsichtsrat, auch wenn dies nicht (wie bei Aktiengesellschaften) gesetzlich vorgeschrieben ist. Den Aufsichts- oder Beirat gilt es mit respektablen Personen zu besetzen, die ihre Aufgabe ernst nehmen und auch bei geringer Vergütung für eine seriöse innerunternehmerische Kontrolle sprechen. Gegenüber Medienvertretern sorgt dies für Vertrauen, ebenso wie Transparenz im Krisenfalle.

Die klare Gestaltung und Dokumentation von Vertragswerken ist ebenfalls ein wichtiger organisatorischer Punkt, der im Fall negativer Medienberichterstattung bedeutsam werden kann. Häufig bleibt bei medienwirksamen Auseinandersetzungen um das Bestehen oder dem Regelungsinhalt von Verträgen wochenlang in der öffentlichen Wahrnehmung offen, ob und in welchem Umfang die Vertragspartner für ein Fehlverhalten haften müssen. Das Medienecho auf solche „Hängepartien" ist entsprechend. Der Fachmann staunt, und der Laie wundert sich: Wie bei vernünftiger juristischer Begleitung (zumindest) einer Vertragspartei völlig unklar bleiben kann, was im Falle von Problemen bei der Umsetzung des Vertragszweckes passiert, ist schlichtweg unverständlich. Klare, eindeutige und prägnante Vertragsgestaltung vermeidet derartige Debakel, die sich gerade in jüngerer Vergangenheit häufen.

Ähnliche PR-Desaster sind aus dem Bereich des Profisports bekannt: In den Medien wird gemeldet, dass der Spieler A oder der

Trainer B vom Verein XY für die kommende Saison verpflichtet wurde, und der Sportdirektor oder Manager des Vereins gibt dies auch in einer Pressekonferenz bekannt. Bedauerlicherweise „ist die Tinte nicht trocken" bzw. stellt sich heraus, dass überhaupt kein Schriftstück existiert, unter das Tinte hätte gesetzt werden können. Der Spieler geht nicht zum Verein XY, sondern zu Real Madrid, und die Blamage ist groß. Die Festlegung interner Grundsätze, dass vertragliche Absprachen mit Dritten stets und ausnahmslos schriftlich festgelegt sein müssen und bestimmter Unterschriften bedürfen, bevor sie kommuniziert werden, vermeidet solche Fauxpas.

Ein weltweit agierender Medienkonzern wurde von früheren Mitarbeitern in den Vereinigten Staaten auf Zahlungen in Millionenhöhe verklagt, weil dem Vernehmen nach ein Vorstandsmitglied ohne jede Mitwirkung interner oder externer Fachleute einen Vertrag aufgesetzt hatte, der derart missverständliche Aussagen enthielt, dass die Mitarbeiter daraus so sicherlich nicht gedachte Leistungsansprüche nahezu unfassbaren Ausmaßes herleiteten. Ein Unternehmen, das intern klar festgelegte Maßgaben und Regularien auch für die Führungskräfte vorweisen kann, tut sich im Krisenfalle leicht, das eingetretene Fiasko als Fehlleistung Eines einzelnen, aber nicht als grundlegendes Problem des Unternehmens darzustellen.

Zusammenfassend sei gesagt, dass die Einhaltung dieser Empfehlungen und Grundsätze guter Unternehmensführung, also eine gute Corporate Governance, den Eintritt einer Medienkrise nicht ausschließen kann: Kein Unternehmen ist davor gefeit, dass ein schadhaftes Produkt an den Markt kommt, ein Mitglied der Unternehmensführung sich als unredlich erweist oder ein Unglück geschieht, bei dem Mitarbeiter oder Dritte zu schaden kommen. Fatal wird die Sache, wenn die Medien das Krisen auslösende Ereignis als zwangsläufig angesichts einer desolaten Unternehmensorganisation darstellen können. Ist aber die Unternehmensorganisation im Einklang mit dem „State of the Art" der Corporate Governance und der gesetzgeberischen Vorgaben, so kann den Anwürfen rechtlich und tatsächlich mit größerer Stärke begegnet werden.

2. Rechtliches Vorgehen gegen abträgliche Medienberichterstattung

Der Jurist denkt in „Ansprüchen", fragt also, was ein Geschädigter in einer bestimmten Situation gegen den Schädiger unternehmen kann. Den Satz: „Wer will was von wem woraus?", lernt jeder Jurastudent im ersten Semester – er drückt aus, dass stets zu prüfen sei, auf welcher Rechtsgrundlage jemand etwas von einem anderen verlangen kann. Dass dieses antrainierte Verhalten gelegentlich den Blick für die Opportunität versperren kann, wurde bereits erwähnt; die folgenden Ausführungen beschreiben gleichwohl das juristisch Mögliche. Ob das Mögliche auch umgesetzt wird, muss immer sorgfältig überlegt werden.

3. Die verschiedenen Ansprüche

3.1 Das Unterlassungsverlangen

Der klassische Fall: Zeitung, Radio oder Magazin berichten, ein Produkt des Unternehmens XY sei schadhaft, eine Person des öffentlichen Lebens homosexuell, ein Konzernvorstand ein Betrüger oder ein mittelständisches Unternehmen verantwortlich für das Vogelsterben in der Lüneburger Heide. Das erste Ziel muss es sein, die abträgliche Berichterstattung für die Zukunft zu verhindern. Der „Unterlassungsanspruch", also das Begehren, das Medium möge die Behauptung nicht wiederholen, ist der häufigste im Bereich des Presse- und Medienrechts geltend gemachte Anspruch. Deshalb wurde er als „kleine Münze" des Medienrechts bezeichnet.[1] In seiner Bedeutung kommt ihm nur noch der Gegendarstellungsanspruch gleich, den es später zu behandeln gilt.

Der Unterlassungsanspruch kann vom betroffenen Unternehmen oder der betroffenen Privatperson geltend gemacht werden. Dabei ist aber zu bedenken, dass Unterlassungsansprüche nur gegenüber unrichtigen Tatsachenbehauptungen – nicht gegenüber Meinungsäußerungen – bestehen. Gegenüber Meinungsäußerungen ist der Unterlassungsanspruch nicht als juristisches Kampfmittel einsetzbar. Nur dann, wenn die Meinungsäußerung zur „Schmähkritik" wird, kann auch die Meinungsäußerung mit dem Unterlassungsanspruch angegriffen werden, so hat es das Bundesverfassungsgericht entschieden.[2]

Voraussetzung für das Bestehen des Unterlassungsanspruchs ist eine Wiederholungsgefahr, also die Gefahr, dass die Behauptung wiederholt wird. Diese Gefahr wird vermutet, wenn die Aussage einmal getroffen wurde: Als dem Bundeskanzler (erwiesen unrichtigerweise) in einem Zeitungsbericht nachgesagt wurde, er lasse

---

1 Damm/Kuner, Widerruf, Unterlagen und Schadensersatz in Presse und Rundfunk, 1991, Rn. 233.

2 Bundesverfassungsgericht, NJW 1991, 95 über die Bezeichnung eines Politikers als „Zwangsdemokrat".

seine Haare färben, entschloss er sich zur gerichtlichen Durchsetzung seines Unterlassungsanspruches. Er musste damit rechnen, dass diese Behauptung wiederholt werden könnte. In Ausnahmefällen kann die Wiederholungsgefahr aber fehlen, z. B. dann, wenn das Medium bereits erklärt hat, es werde die Aussage nicht mehr wiederholen. Dann geht der Unterlassungsanspruch für die Zukunft ins Leere.

Der Unterlassungsanspruch kann sogar auf den Zeitpunkt vor der erstmaligen Äußerung vorverlagert werden: Ist einem Unternehmen oder einer Privatperson bekannt, dass eine abträgliche Berichterstattung eines bestimmten Inhaltes bevorsteht, so kann ein vorbeugender Unterlassungsanspruch geltend gemacht werden, bevor überhaupt etwas in den Medien berichtet wurde. Dies geschieht häufig, wenn etwa Recherchen von Fernsehsendern „durchsickern" und betroffene Unternehmen konkrete Anhaltspunkte dafür haben, dass über sie in abträglicher Weise berichtet werden soll. Dann kann versucht werden, die entsprechende Berichterstattung bereits im Vorfeld zu verhindern: In der Praxis gelingt dies häufig.

3.2 Das Widerrufsverlangen

Unter Umständen ist es für den Geschädigten nicht ausreichend, nur die Unterlassung einer Äußerung für die Zukunft zu erreichen; er kann erhebliches Interesse daran haben, dass eine falsche Medienberichterstattung richtig gestellt wird, um wirtschaftliche Nachteile abzuwenden.

Das Widerrufsverlangen kann darauf zielen, dass das Medium die getroffenen Aussagen vollständig widerruft, unklare oder missverständliche Aussagen richtig stellt oder um fehlende, zum Verständnis wichtig Aspekte ergänzt. Auch hier gilt: Gegenüber bloßen Meinungsäußerungen lässt sich das Widerrufsverlangen nicht erfolgreich einsetzen.

Zu beachten bleibt aber, daß der Widerruf nicht als Mittel der „Demütigung" des Mediums eingesetzt werden darf; das höchste deutsche Gericht, das Bundesverfassungsgericht, hat in einer Aufsehen erregenden Entscheidung über einen Rechtsstreit zwischen Rudolf Augstein, dem damaligen Herausgeber des „Spiegel", und dem Politiker Franz Josef Strauß eben diesen „Demütigungsaspekt" angesprochen.[3]

Das erforderliche „Rechtsschutzbedürfnis" für das Verlangen nach einem Widerruf ist nur gegeben, wenn das betroffene Unter-

---

3 Bundesverfassungsgericht, NJW 1970, 651.

nehmen oder die betroffene Person ein berechtigtes Interesse am Widerruf hat, so dass bloße Nebensächlichkeiten und Nichtigkeiten nicht den Widerrufsanspruch auslösen.

Das Verlangen kann sich sowohl gegen den Verlag oder die Rundfunkanstalt, aber auch gegen den konkreten Mitarbeiter des Mediums, also etwa den Zeitschriftenredakteur, der den Artikel mit seinem Namen zeichnet, richten: Er kann persönlich in Anspruch genommen werden.

3.3 Gegendarstellung

Zu der Frage, unter welchen Voraussetzungen eine Gegendarstellung, also die Darlegung einer eigenen Sichtweise zu einer bestimmten Medienberichterstattung, verlangt werden kann, sind die gerichtlichen Entscheidungen Legion. Im Grundsatz lässt sich sagen, dass der von abträglicher Medienberichterstattung Betroffene verlangen kann, dass an gleicher Stelle und in identischer Darstellungsform seine eigene Sicht der Sache in einer unmittelbaren Folgeauflage des Mediums wiedergegeben wird. Ob das Gegendarstellungsverlangen sinnvoll ist, ist im Einzelfall zu entscheiden: Häufig drucken die Medien die Gegendarstellung ab, nicht ohne im Anschluss den Satz *„Wir bleiben bei unserer Darstellung."* anzuhängen. Gleichwohl gibt es kein probateres Mittel, den gleichen Adressatenkreis über die eigene Sichtweise zu informieren – damit wird versucht, eine gewisse Waffengleichheit zwischen Betroffenem und Medium herzustellen.

3.4 Schadensersatz

Wer durch unrichtige Medienberichterstattung Nachteile erleidet, der kann Ersatz des eingetretenen materiellen Schadens verlangen; natürliche Personen können unter bestimmen Voraussetzungen sogar Schmerzensgeld begehren.

Es liegt auf der Hand, daß etwa ein unrichtiger Bericht über die bakterielle Verseuchung eines Lebensmittels dem Herstellerunternehmen nahezu irreparablen Schaden zufügen kann – auch dann, wenn er für die Zukunft die Medienberichterstattung wirksam unterbindet (Unterlassungsanspruch), wenn es gelingt, dem Medium die Distanzierung von der früheren Äußerung abzutrotzen (Widerruf) und wenn auch die einschlägige Gegendarstellung abgedruckt wird, wird gleichwohl „etwas haften bleiben": Die Verbraucher werden gegenüber dem Produkt skeptisch bleiben, und manchen potenziellen Konsumenten werden Widerruf und Gegendarstellung nicht erreichen. Es bleibt also dabei, dass das Produkt mit der Negativmeldung behaftet bleibt. In solchen Fällen können Umsatzeinbrüche und die Aufwendungen für die presserechtlichen Gegenmaßnahmen, aber auch die Aufwendungen für PR-Kampagnen zur Herstellung der früheren Reputation beim verletzenden Medium geltend gemacht werden. In Fällen, in denen die persönliche Reputation beeinträchtigt ist, kann von natürlichen Personen Schmerzensgeld verlangt werden, wie es etwa im Falle einer bekannten Person des öffentlichen Lebens gelang, dem von einem Magazin außereheliche Affären nachgesagt wurden: Der Reputationsverlust war durch die Leistung von Schmerzensgeld zu entschädigen.

3.5 Rechtsdurchsetzung

Der Unterschied zwischen dem Bestehen eines Anspruches auf Unterlassung, Widerruf oder Schadensersatz und der Frage der Rechtsdurchsetzung ist derjenige zwischen „Recht haben und Recht bekommen": Es nützt dem betroffenen Unternehmen wenig, einen Widerrufsanspruch zu haben, wenn er nicht schnell und wirkungsvoll durchgesetzt wird. Dabei ist das bekannteste und schlagkräftigste Mittel des Vorgehens gegen ein Medium die „Einstweilige Verfügung": Sie kann in einem schnellen, vorläufigen Verfahren erwirkt werden, in dem sozusagen in Windeseile, nämlich binnen Stunden oder weniger Tage, dem Medium gerichtliche Einschränkungen seiner Berichterstattung vorgeschrieben werden können. Die richtigen Rechtsbehelfe und Verfahren bestimmen sich danach, was der Geschädigte will, wie darzulegen sein wird.

3.6 Abmahnung

Wem es darauf ankommt, dass eine abträgliche Berichterstattung nicht wiederholt wird, wer also Unterlassung begehrt, muss im Regelfall zunächst prüfen, ob es nicht ein milderes Mittel als ein Gerichtsverfahren zur Erreichung seines Zweckes gibt. Deshalb verlangt die Rechtsprechung, dass dem gerichtlichen Unterlassungsbegehren eine vorgerichtliche Abmahnung vorangeht. Üblicherweise ist das Vorgehen so, dass gegenüber dem Bericht erstattenden Medium unverzüglich erklärt wird, dass man den Inhalt der Berichterstattung nicht dulden werde. Gleichzeitig wird – bei Unterwerfung unter eine Vertragsstrafe, die bei Zuwiderhandlung fällig wird – die kurzfristige Erklärung verlangt, dass die Berichterstattung nicht wiederholt werde. Wird die Erklärung nicht, nicht vollständig oder nicht fristgerecht abgegeben, kann das betroffene Unternehmen klagen.

Die Abmahnung ist allerdings nicht erforderlich, wenn der Widerruf einer Erklärung verlangt wird; das Widerrufsverlangen kann sofort gerichtlich geltend gemacht werden, denn eine Abmahnung hätte hier keinen Sinn.

3.7 Einstweilige Verfügung

Die Einstweilige Verfügung wird in einem besonders schnellen, aber nur vorläufigen Verfahren durchgesetzt, bei dem der Gegner unter Umständen überhaupt nicht angehört wird: Das Gericht kann ohne Anhörung des betroffenen Mediums allein auf der Grundlage des Vortrages des Geschädigten entscheiden, dass die entsprechende Medienberichterstattung vorläufig zu unterlassen ist; es wurde bereits darauf hingewiesen, dass diese Unterlassung unter Umständen sogar vorbeugend verlangt werden kann. Der Antragsteller muss darlegen, dass ihn die geplante oder bereits vorausgegangene Medienberichterstattung untragbar beeinträchtigt und dass er ein Interesse hat, die Berichterstattung vorläufig zu unterbinden, bis die Frage der Berechtigung endgültig geklärt ist. Der Einstweiligen Verfügung auf Unterlassung einer bestimmten Medienberichterstattung muss eine Abmahnung vorausgehen, wie bereits dargelegt.

Niemals kann die Einstweilige Verfügung – ihrer Natur nach eben nur eine vorläufige Regelung im Eilverfahren – endgültige Regelungen treffen. Sie darf „die Hauptsache nicht vorweg nehmen": Das erklärt, warum die Einstweilige Verfügung niemals auf den Widerruf von Äußerungen des Mediums gerichtet sein kann. Denn in einer späteren, nicht nur überschlägigen, sondern vertieften gerichtlichen

Überprüfung könnte sich herausstellen, dass die Behauptungen des Mediums richtig sind. Bevor die endgültige Klärung nicht erreicht ist, kann der Widerruf nicht verlangt werden.

3.8 Klage

Mit der Erhebung einer gerichtlichen Klage wird ein (meist langwieriges) Verfahren in Gang gesetzt, in dem insgesamt die Berechtigung der Vorwürfe des Mediums geprüft wird. Als schnelles Kampfmittel ist die Klage nicht zu gebrauchen, denn sie zieht sich regelmäßig über Monate, oft über Jahre durch mehrere Instanzen. Mit der erfolgreichen Durchsetzung im Wege einer Klage kann aber endgültig und nachhaltig einer bestimmten Medienberichterstattung „das Handwerk gelegt" werden: Wird das Unterlassungs- und Widerrufsbegehren noch dazu mit dem Anspruch auf Schadensersatz verbunden, kann dies für das berichtende Medium hochgradig unangenehm sein. Zu bedenken ist aber, dass während des schwebenden Verfahrens das für das Unternehmen unangenehme Thema „in den Medien bleibt". Oft vermeiden Medium und betroffene Unternehmen das langwierige Gerichtsverfahren durch einen außergerichtlichen Vergleich.

3.9 Vollstreckung

Wird etwa eine Einstweilige Verfügung auf künftige Unterlassung bestimmter Äußerungen in einem Presseorgan erwirkt oder gelingt es nach langwierigem Klageverfahren, einem Medium eine bestimmte Behauptung zu untersagen, so muss dieser gerichtliche Erfolg auch tatsächlich durchgesetzt werden; die Durchsetzung ist die „Vollstreckung", die regelmäßig durch Zustellung der entsprechenden Entscheidungen, die Verhängung von Zwangsgeldern und die Festsetzung von Ordnungshaft bei Zuwiderhandlung erfolgt. Besondere Schwierigkeiten kann die Vollstreckung im Ausland (gegen ein ausländisches Medium) bereiten, da hierzu die inländische deutsche Entscheidung zunächst der Vollstreckbarerklärung durch das ausländische Gericht bedarf – auch hierdurch geht Zeit ins Land, und es ist zu überlegen, ob sich der Aufwand für das betroffene Unternehmen lohnt.

3.10 Let´s go West – der US-Gerichtsstand

Steigende Bedeutung gewinnt die Frage, wo gegen das berichtende Medium vorgegangen wird: Dabei ist nicht nur die ebenfalls zu entscheidende Frage zu klären, bei welchem inländischen Gericht das Medium angegriffen wird (theoretisch kann das verletzte Unternehmen bei jedem deutschen Gericht an jedem beliebigen Ort vorgehen, wenn das Medium dort seine abträglichen Äußerungen publiziert hat). Immer öfter wird in Erwägung gezogen, vor den amerikanischen Gerichten gegenüber Medien vorzugehen, die abträgliche Äußerungen verbreiten. Der Grund liegt darin, dass in Amerika wesentlich empfindlichere Strafen gegen Verletzer festgesetzt werden. Das amerikanische Recht kennt einen „Strafschadensersatz" (punitive damages), mit dem auch Medien, die ungeprüft oder fahrlässig Abträgliches veröffentlichen, belegt werden können. Entscheidend ist, ob ein Gerichtsstand in den Vereinigten Staaten konstruiert werden kann, was mehr oder weniger findige Anwälte zunehmend versuchen.

155

Die Aufgaben des Krisenmanagementteams in der akuten Krise – ein Fahrplan

Man kann nicht nicht kommunizieren.

Paul Watzlawick

Wird ein Schaden gemeldet, hat in kürzester Zeit die Einberufung des Krisenstabes zu erfolgen (gemäß Alarmplan aus dem Krisenplan). Zunächst tagt das Kernteam, das über das Ausmaß des Schadens und über die Eintrittswahrscheinlichkeit weiter gehender Folgen befindet. Schnell ist zu entscheiden, ob der Krisenstab durch weitere Funktionen ergänzt werden muss oder ob die Einsatzbereitschaft aller wesentlichen Funktionen gewährleistet ist.

Vom ersten Moment an wird jede Entscheidung und jeder Schritt protokolliert und dokumentiert, um:

- jederzeit einen Sachstandsbericht verfügbar zu haben,
- ggf. Behörden chronologisch und faktisch einwandfrei über die unternommenen Schritte zu unterrichten und
- bei Abschluss der Situation eine Nachbetrachtung sowie Einleitung von System-Veränderungen im Krisenmanagement zu ermöglichen.

Anhand von Checklisten wird geklärt, ob es sich um einen Schaden mit übergeordneter Bedeutung für das Unternehmen handelt, der ohne den Krisenstab nicht zu lösen ist. Szenarien werden durchgespielt und geben Aufschluss über die Dimensionen einer anstehenden Krise.

Ist sich das Krisenteam einig, dass im Sinne eines Krisenfalles zu handeln ist, wird ein minutiöser Fahrplan für die nächsten Stunden und Tage festgelegt und jedes Mitglied erhält eindeutige Kompetenzen und Zuständigkeiten. Die nun aufeinander folgenden Maßnahmen des Krisenmanagements und der Krisenkommunikation sind Teil eines Prozesses, der laufend vom Krisenstab überwacht und von diesem ggf. im Hinblick auf die Strategie angepasst wird.

Schnelligkeit, Einheitlichkeit in den Aussagen und Handlungen („one voice, one company") sowie Klarheit und Transparenz sind jetzt die entscheidenden Faktoren, um Schaden so präzise wie möglich einzugrenzen.

Ablauforganisation Krisenmanagement

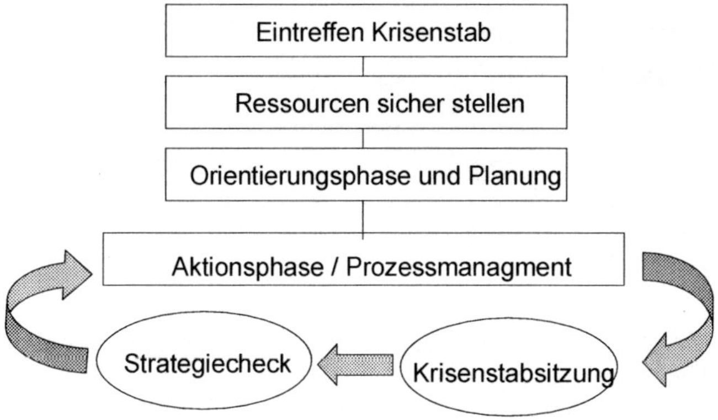

Abbildung 9: Ablauforganisation Krisenmanagement

Für die Krisenkommunikation sind drei Schritte entscheidend, damit Negativschlagzeilen schnell wieder von der Bildfläche verschwinden:

1. Zu keinem anderen Zeitpunkt kann so viel für die Lösung einer Krise erreicht werden wie in den ersten Stunden. Ist sich der Krisenstab einig, dass das Thema unzweifelhaft öffentlich wird, nimmt es das Ruder in die Hand und geht pro-aktiv auf die Medien und auf Teilöffentlichkeiten zu. Die Intensität der Berichterstattung wird zunächst groß sein und das Unternehmen steht im Kreuzfeuer. Aber: Die Wahrscheinlichkeit, angesichts eines aktiv kommunizier-

ten Schadens oder Fehlers schnell wieder aus der Berichterstattung herauszukommen, ist hoch. So ist zu beobachten, dass die häufigen Rückrufe von Fahrzeugen
durch die Automobilindustrie nur kleinere Artikel
ausmacht, sofern keine Personenschäden zu befürchten
sind. Diese Art der Meldung ist für eine große Zahl der
Verbraucher nicht relevant und wird kaum mit dem Image
des jeweiligen Automobilbauers in Zusammenhang gebracht.

2. Unternehmen, die sich in Krisensituationen an die Öffent-
    lichkeit wenden, müssen eine deutliche und v. a. einheit-
    liche Sprache sprechen – offizielle Sprachregelungen
    (Corporate Wording) sind dazu eine absolute Notwen-
    digkeit. Daher ist unbedingt frühzeitig vom Krisenteam zu
    bestimmen, wer das Unternehmen nach außen mit wel-
    chen Statements und welcher Haltung vertritt.

3. Tritt der Krisenfall ein, hat die Öffentlichkeit ein berechtig-
    tes Interesse, den aktuellen Stand der Erkenntnisse zu er-
    fahren. Darum ist die Bekanntgabe von Fakten oberstes
    Gebot. Wenn wir die psychische Verfassung besorgter
    Verbraucher ernst nehmen wollen, so muss ihr hohes Auf-
    klärungsbedürfnis schnellstens befriedigt werden. Die Fort-
    schreibung eines Fragen- und Antwortenkataloges hat in
    diesem Zusammenhang die Funktion, alle Involvierten auf
    demselben Wissenstand zu halten. Er ist als Grundlage
    jeglicher Kommunikation zu nutzen.

Das Fatale an einer Krise: Sie ist an erster Stelle immer eine
Vertrauenskrise. Es ist der Vertrauensverlust in die Produkte, in
die Leistungen, in die Glaubwürdigkeit, in das Management
und in die Kommunikation eines Unternehmens. Egal, ob be-
rechtigte oder unberechtigte Vorwürfe laut werden: Je schneller
und flexibler eine Organisation reagiert, desto größer ist die
Wahrscheinlichkeit, dass die Medien deren Informationen in
die Berichterstattung einfließen lassen. Je kontinuierlicher die
Vertrauens- und Qualitätsarbeit mit den involvierten Anspruchsgruppen (Stakeholdern) aufgebaut und kontinuierlich

gepflegt wird, desto geringer ist die Gefahr, dass von dieser Seite Krisen verschärfende Aktivitäten ausgehen. Der Lebenszyklus des Themas verringert sich.

Zentrale Erfolgsfaktoren dabei sind absolute Sensibilität und ein klarer und kompromissloser Kurs des Krisenstabes. Denn besonders zum Krisenbeginn wird das Agieren der Unternehmensverantwortlichen von der Öffentlichkeit und den Medien mit Argusaugen beobachtet. Bei den kommunizierten Inhalten sollten daher exakte Informationen immer im Vordergrund stehen und niemals der Aktualität geopfert werden.

Generell gilt:

- nichts verlautbaren, das nicht abgesichert und verifiziert ist – keine Vermutungen äußern;
- immer auf den derzeitigen Stand der Erkenntnisse berufen;
- in der Argumentation chronologisch statt kausal vorgehen;
- besser sich wiederholen als sich durch Provokationen zu Vermutungen oder Interpretationen verleiten lassen.

Denn es stellt sich immer wieder das Problem, dass Informationen über Krisenursachen in der Anfangsphase spärlich oder sogar widersprüchlich sind. Gleichzeitig sind sie der Nukleus jeder weiteren Nachricht. Darin liegt ein großes Gefahrenpotenzial. Wenn nachträglich eine falsche oder voreilige Aussage nachgewiesen wird, verschärft sich die Krise, und es entstehen neue Eskalationspunkte. Einer Studie von ECC KohtesKlewes zufolge verschärfen sich 43 % aller Krisen allein deswegen, weil im Unternehmen unautorisierte Personen Statements abgegeben haben, die nicht auf Konsistenz und Einheitlichkeit abgestimmt waren.

Genau wie es Verhaltensmuster und Sprachregelungen gibt, die man üben kann und die Krisen entschärfen helfen, gibt es typische Fehler, die eine Krise verschärfen. Zeitdruck und unklare Informationslage bei einer Vielzahl gleichzeitig zu erledigender Aufgaben hoher Wichtigkeit führen zu:
- Statements, die weder autorisiert noch mit den Verantwortlichen abgestimmt wurden,

159

- Verwendung von fehlerhaften oder inaktuellen Daten und Informationen,
- „Reparaturdienst"-Prinzip (dringende Tätigkeiten vor wesentlichen Schritten),
- Ausblendung „unangenehmer" Informationen und damit Herunterspielen der Sachlage,
- Außerachtlassen von Folge- oder Nebenwirkungen,
- übertriebenem Optimismus: Da kommen wir schon irgend wie durch,
- mangelnder Überprüfung der eingeleiteten Maßnahmen und
- unkoordinierten Aktionen auf operativer Ebene.

Um diese Fälle einzugrenzen, sind verbindliche und klare Verhaltens- und Sprachregelungen insbesondere in der internen Kommunikation wesentlich. Und: Die verantwortlichen Personen müssen stressresistent sein!

Denn selbst die Körpersprache wird in Krisenfällen von der Öffentlichkeit akribisch registriert und interpretiert. Eine zittrige Stimme, fahrige oder nervöse Gesten, das Entgleiten von Gesichtszügen: Es wird im Journalistengespräch sofort wahrgenommen und auch kommentiert und ggf. erbarmungslos von einer Kamera eingefangen und ungefiltert auf die Fernsehschirme geschickt.

In vielen deutschen Managementetagen fehlt es bisweilen an Erfahrung mit TV-Auftritten. Kein Wunder, dass so manches Debüt ohne Medientraining zum kabarettistischen Intermezzo gerät: Stotternd abgegebene Statements, angestrengte Blicke, unangemessene Reaktionen auf kritische Fragen, unpassende Kleidung, schlechte Haltung wirken weder professionell noch glaubwürdig. Eine ganze Heerschar von Medienvertretern stürzte sich seinerzeit auf das Interview des damaligen Bahnchefs Ludwig, als dieser in der ARD Stellung zum Zugunglück von Eschede bezog: Zunächst einmal war er irregeleitet, in welche Kamera er schauen sollte, was die fatale Wirkung nach sich zog, dass er nicht mit festem Blick zu seinen Zuschauern sprach, sondern unentwegt mit den Augen klimperte. Zum anderen seine Wirkung auf das Publikum: In jeder Hinsicht sachbezogen und distanziert, war kein aufrichtiges Trauern und

Bedauern um den Tod vieler Menschen wahrnehmbar. Das brachte die Zuschauer auf. Die Krise verschärfte sich in hohem Ausmaß, weil die Grundstimmung in den Medien und in der Öffentlichkeit negativ geprägt wurde.

Je kritischer eine Situation, insbesondere wenn Menschen zu Schaden gekommen sind, desto hochrangiger muss der Ansprechpartner sein, der dokumentiert, dass er sich für die betroffenen Opfer oder ihre Angehörigen einsetzen wird. Die Versicherung, dass alles wirtschaftlich Vertretbare getan wird, um angemessene Maßnahmen zu ergreifen, ist dabei kein Zugeständnis, sondern eine klar zu erfüllende Erwartungshaltung der Anspruchsgruppen. Anderenfalls muss sich ein Unternehmen in seiner gesellschaftlichen Rolle komplett hinterfragen lassen – Programme der Unternehmenskommunikation wie „Corporate Citizenship" oder „Corporate Social Responsibility" würden ad absurdum geführt.

Generelle Leitlinie bei der Beantwortung der Frage, wer in Krisenfällen spricht: Immer nur ein Verantwortlicher äußert sich für das Unternehmen, offensiv und am besten im direkten Dialog. Individualkommunikation gibt dem Unternehmen Handlungsspielraum zurück und senkt die Gefahr von Sanktionen, Boykottaufrufen etwa durch Bürgerinitiativen oder Kündigungen von Mitarbeitern.

Alle weiteren Beauftragten in Sachen Krisenmanagement bleiben im Hintergrund. Sie folgen den Vorgaben aus der Krisenprävention, sind vorbereitet und arbeiten an der Beantwortung von Anfragen mit. Wer – ob Geschäftsführer/Vorstand oder Pressechef – in welcher Krisenstufe in Erscheinung tritt, wird in der Regel im Rahmen der Krisenprävention definiert: Ist ein Geschäftsführer nicht medienerfahren, bietet es sich an, diese Aufgabe an den Kommunikationsverantwortlichen oder einen anderen geeigneten Vertreter zu delegieren. Wichtig ist, dass die Unternehmensvertreter in besonderem Maße kommunikationsbereit und kommunikationsfähig sind. Stehen verschiedene kompetente Ansprechpartner zur Verfügung, sollte vorab festgelegt sein, wer zu welchem Thema mit welcher Bedeutung spricht.

Aktiv zu kommunizieren bedeutet nicht unbedingt, sich für alles zu entschuldigen. Oft gerät ein Unternehmen auch unverschuldet in eine Krisensituation – wie im Falle Warsteiner. Der Sprecher des Krisenunternehmens muss sich mit seiner Führungsmannschaft darauf einigen, welche Konfliktstrategie er einschlägt. Zur erfolgreichen Vorwärtsstrategie gehört dabei gleichsam inhaltliche Sicherheit sowie sprachliche Korrektheit. Dabei kann er gegenüber den Zielgruppen durchaus konsequent auf seiner Position verharren – wichtig ist jedoch, bei dem einmal eingeschlagenen Weg zu bleiben, um den Ernst der Aussagen zu unterstreichen. Wenn sich Warsteiner-Chef Cramer also massiv gegen Vorwürfe wehrte, er sei Mitglied von Scientology, so hat er diese Abwehrtechnik durchgehalten – und mit dieser Strategie auch gute Presse bekommen. Gleichwohl ist die Konfliktlösungsgüte immer dann besonders hoch, wenn die Kommunikation auf Integration und Anpassung abzielt und auf Widerstand und Ignoranz verzichtet.

Daher ist die Wahl der Worte im Gespräch mit Journalisten besonderer Augenmerk zu verleihen:

Krisenverschärfende Wortwahl, auf die Sie verzichten sollten:

- Ich will Ihnen das einmal erklären
- Da liegen unsere Positionen aber weit auseinander
- Sie verstehen das nicht richtig/Sie irren sich
- Unser Unternehmen benötigt noch Zeit
- Die Presse hat das Thema aufgeblasen

Empfohlene Wortwahl in der Krise:

- Wir möchten Ihnen unsere Auffassung einmal konkreter erläutern
- Wir möchten Ihre Position ergänzen
- In Einzelpunkten stimmen wir noch nicht überein
- Wir arbeiten zurzeit an einer Lösung des Problems
  Wir werden bis zum XX.XX.XX folgende Schritte einleiten

Krisenmanagement ist eine
Frage des Timings

Krisenmanagement ist immer eine Frage des Timings, jede Minute zählt. Jeder Schritt will durchdacht sein und muss sitzen. Am Beispiel eines Produktrückrufes sollen im Folgenden wichtige Handlungsfelder in ihrer zeitlichen Koordination dargestellt werden.

Der fiktive Fall von A bis Z: Ecogas

Ecogas, Hersteller von Gasthermen in Deutschland mit einem Betrieb in Hessen, ist ein Unternehmen mit 100 Jahren Tradition. 1 300 Mitarbeiter sind für das Unternehmen tätig. Der Vertrieb der Geräte erstreckt sich auf Deutschland und Benelux. Vor wenigen Wochen hat das inhabergeführte Unternehmen ein neues Modell mit dem Namen „Ecolligent" auf den Markt gebracht, es zeichnet sich ab, dass dieses Gerät ein Verkaufsschlager wird.

Das Unternehmen verfügt über einen Krisenplan, dem allerdings in den vergangenen zwei Jahren nicht allzu viel Beachtung geschenkt wurde. Die Produkte durchlaufen genormte Qualitätsprüfungen – seit zehn Jahren gab es keinen einzigen Zwischenfall. Am Werkstor und in der Zentrale sitzen langjährige loyale Mitarbeiter mit gesundem Menschenverstand.

Kommunikationsaktivitäten bestehen hauptsächlich aus Messeauftritten, Werbeanzeigen und Spots sowie klassischen Marketingaktivitäten im Hinblick auf Katalogerstellung, PoS- und Mailingaktionen. Im Hinblick auf Medienarbeit werden zwar von Zeit zu Zeit Meldungen zu Produktneuheiten (zuletzt die Vorstellung des Ecolligent) veröffentlicht, was aber die Bekanntgabe von Wirtschaftsdaten betrifft, so war Ecogas stets sehr zurück haltend. Die Assistentin des Geschäftsführers nimmt bisher die Pressearbeit wahr, bei größeren Aktivitäten wie einer Presseeinladung anlässlich des 100-jährigen Jubiläums oder von Messeauftritten wird eine örtliche PR-Agentur beschäftigt.

163

An einem Dienstagmorgen um 8:30 Uhr ereignet sich nun Folgendes: Ein älterer Herr ruft in der Zentrale an und beklagt, dass aus seiner neuen Gastherme soeben eine Stichflamme herausgeschlagen sei. Er habe nur wenige Zentimeter weiter am Spiegel in seinem Badezimmer gestanden, um sich zu rasieren, sei aber äußerst besorgt, dass ihm „das Ding um die Ohren fliege".

Der Anrufer wird sofort an den Leiter der Forschungs- und Entwicklungsabteilung durchgestellt, der sich den Hergang noch einmal genau schildern lässt. Er verspricht einen Rückruf innerhalb der nächsten zwei Stunden, wie das Unternehmen weiter verfahren würde und bittet den Anrufer, vorsorglich das Gerät abzuschalten. Interessanterweise hatte schon vor einigen Tagen eine junge Frau angerufen und dasselbe behauptet – doch sie klang so unglaubwürdig und alle bisherigen Sicherheitstests waren so einwandfrei, dass der Abteilungsleiter außer der Abfassung einer Aktennotiz nichts weiter unternommen hatte.

Die eingeleiteten Schritte:

Unverzügliche Maßnahmen

Benachrichtigung des Krisenstab-Leiters. Dieser beruft das Krisenteam ein: Er selbst als kaufmännischer Geschäftsführer, der Leiter der Produktion, der Leiter der Rechtsabteilung, der Leiter Finanzen, der externe Kommunikationsberater und die Assistentin treffen sich eine Stunde später im Besprechungszimmer der Geschäftsführung. Sie machen sich ein erstes Bild der Sachlage und erörtern verschiedene Szenarien und die möglichen Folgen des gemeldeten Falles.

Da wird aus der Zentrale ein dringendes Gespräch für den Geschäftsführer avisiert. Es betrifft den Anruf vom Morgen. Am Telefon ist der Sohn desjenigen, der den Schaden gemeldet hat und verlangt in einem eher unangemessenen Ton, dass gefälligst sofort etwas zu geschehen habe, er ließe nicht zu, dass seinem Vater etwas geschehe. Die Gastherme sei eindeutig defekt, davon sei er überzeugt. Zudem droht er damit, sich an die Presse zu wenden, wenn nicht sofort etwas unternommen werde.

Diese Androhung nimmt der Firmenchef sehr ernst. Mit den Krisenteam-Mitglieder beschließt er die Einleitung von Sofortmaßnahmen:

Sofortmaßnahmen innerhalb der nächsten vier Stunden

Technische Vorkehrungen

Ein Außendienstmitarbeiter und ein Techniker begeben sich sofort zur genannten Adresse des Anrufers, um sich vor Ort ein Bild zu machen und das Gerät zu warten, ggf. auf der Stelle auszutauschen.

Die technische Überprüfung sowohl im Unternehmen als auch in einem unabhängigen Institut werden veranlasst; diese werden aber eine Zeitlang dauern, bevor valide Aussagen getroffen werden können.

Die Adresse der Anruferin, die einen ähnlichen Fall gemeldet hat, wird ausfindig gemacht. Auch sie soll von einem Fachteam besucht werden.

Vorkehrungen Recht

Die Rechtsabteilung prüft mögliche Schritte, die seitens des Verbrauchers auf das Unternehmen zukommen könnten:
- Darlegung der rechtlichen Verpflichtungen für das Krisenteam (Rückrufe),
- Check der Versicherung für den Fall eines Produktrückrufes,
- Check, in welchem Stadium die Behörden zu benachrichtigen sind.

165

Vorkehrungen Finanzen

- Kosten einer möglichen Rückrufaktion sind zu kalkulieren
- Mit dem Verkauf zusammen erfolgt die Ermittlung der Anzahl der bislang im Markt befindlichen Geräte und ihre Lokalisierung
- Recherche der Entwicklungskosten Ecolligent
- Zusammenstellung der Wirtschaftsdaten

Vorkehrungen Kommunikation

- Entwurf einer Sprachregelung für alle Kommunikatoren nach innen und außen
- Sicherstellung, dass evtl. weiter eingehende Verbrauchermeldungen über Produktfehler sicher erfasst und unverzüglich bearbeitet werden (evtl. auch über Händler etc.)
- Erstellen eines Fragen- und Antwortenpapieres, das kontinuierlich aktualisiert wird – Sammeln aller relevanten Unternehmensdaten und -fakten
- Interne Kommunikation
- Entwurf eines Informationsbriefs für die 1. und 2. Führungsebene per E-Mail: Die Führung wird auf Anweisung die Mitarbeiter im Werk mündlich informieren
- Entwurf eines Textes für Informationstafeln und E-Mail-Nachricht für die Administration
- Externe Kommunikation
- Händler
- Entwurf eines Briefes an Händler mit Hinweis auf gewünschte Unterstützung im Falle einer Rückrufaktion
- Öffentlichkeit
- Bekanntgabe einer Hotline-Nummer für Verbraucherinformation, die später auf der Homepage veröffentlicht werden soll
- Medien
- Festlegung Verteiler; insbesondere Medien im geografischen Umfeld des gemeldeten Schadenfalles
- Vorbereitung einer Meldung mit dem Inhalt eines Rückrufes – ohne Nennung des Vorfalles

- Vorbereitung Statement und Interview sowie Hintergrundbericht
- Check der „dark-site", die von der Agentur vor zwei Jahren entwickelt wurde – hier sind Überarbeitungen notwendig, die bis zum Abend dauern werden
- Check Verfügbarkeit von aktuellem Fotomaterial, Einstellen in die „dark-site"
- Werbung
- Reservieren von Anzeigenraum bei Tageszeitungen in Deutschland und Benelux

Verifizierung der Erkenntnislage am gleichen Tag und weitere Aktivitäten

Erkenntnislage Technische Schadensmeldung

Das Technik-Team vor Ort bestätigt um 12:30 Uhr, dass offenbar mit dem Gerät des Anrufers etwas nicht in Ordnung sei, man würde es ausbauen und in das Werk bringen, beim Verbraucher wird ein neues Gerät eingebaut.

Nach jetziger Einschätzung wäre Schaden für Menschen zwar ausgeschlossen, aber wenn eine Stichflamme austrete, könnte beispielsweise eine wehende Gardine Feuer fangen.

Eine halbe Stunde später trifft von dem Wohnort der Anruferin ebenfalls die Nachricht ein, dass das dortige Gerät nicht einwandfrei laufen würde.

Krisenteam-Meeting

Nachdem sich erhärtet, dass offensichtlich ein Schaden vorhanden ist, beschließt das Gremium, noch die internen Testergebnisse abzuwarten und dann weitere Entscheidungen zu treffen.

Um 17:00 Uhr steht fest: Das Gerät des Verbrauchers ist defekt, und die Sachverständigen finden auch an zwei weiteren Geräten einen kleinen technischen Mangel am Modell Ecolli-

167

gent, der relativ einfach zu beheben ist. Das Technikerteam meldet dies dem Krisenteam.

Die Entscheidung des Krisenteams: Alle Geräte der Serie Ecolligent werden zurückgerufen, um mögliche Schäden zu vermeiden und Imageeinbußen zu begrenzen.

Aktionen innerhalb des gleichen Tages und am nächsten Tag

- Benachrichtigung der zuständigen Behörden.
- Führungskräfte erhalten um 17:30 Uhr die vorbereitete Meldung vertraulich ausgehändigt.
- Mitarbeiter werden am nächsten Morgen um 10:30 Uhr gleichzeitig informiert.
- Kunden und Geschäftspartner erhalten einen Brief per E-Mail, der um 10:30 Uhr versendet wird.
- Die Nachrichtenagenturen, alle Tageszeitungen, Hörfunk und TV sowie Online-Redaktionen erhalten eine Pressemeldung am nächsten Morgen um 10:00 Uhr. In einem kurzen Anschreiben werden sie um aktive Hilfe bei der Rückrufaktion gebeten. Als Ansprechpartner wird der externe Kommunikationsberater angegeben, der in den nächsten Tagen im Werk von Ecogas ein Büro haben wird.
- Für nähere Informationen wird die dark-site um 10:00 Uhr frei geschaltet. Von ihr kann auch Fotomaterial abgerufen werden.
- Clippingdienste (Deutschland und Benelux) werden beauftragt, um alle Medienaktivitäten dokumentieren zu können
- Anzeigen werden für den übernächsten Tag in den überregionalen Tageszeitungen geschaltet: Darin wird der Rückruf thematisiert und die Hotline-Nummer genannt. Denn: Die Adressen der Käufer sind nicht vollständig verfügbar.
- Für die Verbraucher wird auf der Homepage eine Meldung eingestellt.

Nun nehmen die Dinge ihren Lauf, eine gewisse Eigendynamik entsteht, das Unternehmen ist intensiv in den Medien, aber: Die Firma hat pro-aktiv gehandelt und damit die Möglichkeit wahrgenommen, die Ereignisse und die Kommunikation zu steuern. Sie demonstriert Verantwortungsbereitschaft.

Weitere Entwicklungen innerhalb der ersten Woche

- Beantwortung von Medienanfragen: Die Wirtschaftspresse nimmt die Meldung zum Anlass, das in seiner Informationspolitik eher restriktive Unternehmen Ecogas etwas stärker unter die Lupe zu nehmen. Das Unternehmen beschließt daher, Interviewangebote an ausgewählte Wirtschaftstitel zu machen.
- Auf die Durchführung einer Pressekonferenz wird verzichtet, weil es nicht zu Eskalationen oder gewichtigeren neuen Nachrichten kommt.
- Nachdem die Testergebnisse der Labors vorliegen, komplettiert das Unternehmen den Erkenntnisstand mit der Information, dass es sich um einen Defekt in der Zündung handelt, der durch den Austausch eines Bauteils behoben werden kann. Eine kleine Entschuldigung an die Verbraucher für die Unannehmlichkeiten macht weiteren Boden gut. Alle Zielgruppen werden vom Ergebnis der Untersuchungen benachrichtigt.
- Eine Meldung an die Medien mit dem Sachstand und der Veröffentlichung eines Expertenstatements schließt die hohe Medienaufmerksamkeit ab. Der gesamte Vorgang hat maximal zu einem längeren Artikel auf den Innenseiten geführt. Es gab keine Schlagzeilen auf den Titelseiten, andere Themen rücken nun weiter in den Vordergrund.

Innerhalb der nächsten zwei bis drei Wochen

- Presse-Hintergrundgespräche werden angeboten; Tenor ist das aktive Eingreifen des Unternehmens, das mit der Aktion Schaden für Menschen oder Sachen vermieden hat. Thematisiert werden auch die Kosten für die Rückrufaktion und die gute Zusammenarbeit mit Behörden und Händlern. Alle Image fördernden Aspekte gehen strukturiert in die Kommunikationspolitik ein.

- In der Mitarbeiter-Zeitung und im Intranet erscheint ein längerer Bericht über die Ereignisse mit einem Interview des Geschäftsführers.
- Die Medien werden weiterhin über Änderungen in Qualitätssicherung und Themen technischer Innovationen informiert. Flankierend empfiehlt es sich, Fachleute anderer Abteilungen oder unabhängiger Institutionen in die Krisenbewältigung einzubeziehen. Gutachten unabhängiger Dritter und Expertengespräche bringen das Thema strategisch voran, sorgen dafür, dass es in größere Zusammenhänge gestellt und damit relativiert wird. Für die eigene Medienarbeit ist es von Vorteil, wenn man sich auf solche Untersuchungsergebnisse beziehen kann.
- Berücksichtigung des erfolgreich gemeisterten Krisenfalls in allen Eigen-PR-Medien.
- Extern: Während beispielsweise bei Umweltstörfällen im Sinne der Krisenbewältigung mit Infoständen oder Roadshows zur Wiederherstellung des Vertrauens gearbeitet wird, verzichtet das Unternehmen Ecogas vorerst auf diese Form der Dialogkommunikation im Mix mit thematischen Informationen. Allerdings plant die Firma, in drei Monaten einen Tag der offenen Tür durchzuführen.
- Dankesschreiben an alle, die aktiv daran mitgewirkt haben, eine folgenschwere Krise zu verhindern.

Fazit

Im geschilderten idealtypischen Fall wird eine Vielzahl von Mechanismen beschrieben, die zu einem schnellen wie guten Ausgang führen. Zu einer schwer wiegenden öffentlichen Krise ist es also nicht gekommen. Gleichwohl beläuft sich der finanzielle Schaden auf mehrere hunderttausend Euro – das Gerät bleibt aber ein Verkaufsschlager, und durch die positive Medienberichterstattung wurde Ecolligent sogar noch bekannter. Dank der Besonnenheit und der schnellen Reaktion hat sich das Unternehmen im Hinblick auf Vertrauen und Glaubwürdigkeit Pluspunkte erarbeitet. Und auch die Besprechung des technischen Schadens, der durch neue und sicherere Technik behoben wurde, hat letztlich einen positiven Marketingeffekt.

Die fünf Kommunikations-Leitlinien in der Krise

1. Vertuschung ist Selbstbetrug – Mut zur Selbstkritik und Eingestehen von Fehlern wirken vertrauensbildend.

2. Aktion schafft Meinungs-Vorsprung – Reaktion verursacht Rechtfertigungszwang.

3. Kurzfristige Schadensbegrenzung ist nur PR-Kosmetik – erfolgreiche Krisen-PR setzt auf langfristige Neuorientierung und Vertrauensbildung.

4. Krisen-Kommunikation ist Chefsache.

5. Journalisten weder abblocken noch korrumpieren – konstruktive Distanz im Umgang sowie eine offene und glaubwürdige Informationspolitik zahlen sich aus.

Sechs Schlüssel-Tipps zur Vorbereitung auf das Interview

Oft fragen Medien an, ob sie zum Ereignis von einem Unternehmenssprecher ein Statement, am besten ein Interview, erhalten. Für diese Situationen gibt es einige wertvolle Hinweise, um sich gut vorzubereiten und auf Fragen einzustellen:

1. Fehlerhafte oder unzutreffende Statements ausschließen: Die meisten Redaktionen haben nichts dagegen, dass Fragen vorab an Interview-Partner zur Vorbereitung gesendet werden. Nutzen Sie diese Möglichkeit, um sich auf den Interviewer einzustellen. Generell sollte bei prekären Themen vorab mit dem Journalisten festgelegt werden, was grundsätzlich zu welchen Fragen gesagt wird und was nicht. Unter Hinweis auf den Stand der Erkenntnislage niemals Vermutungen äußern! Leider kommt es in der Praxis bei Interviewten mangels Erfahrung im Umgang mit Journalisten aber immer wieder zu Fehleinschätzungen über die Tragweite ihrer Äußerungen.

2. Unter dem Eindruck der laufenden Kamera oder eines nervösen Plenums weichen selbst erfahrene Manager oft von ihrem Fahrplan ab und halten sich nicht an die gewählten Antworten. Sie lassen sich aus der Situation heraus zu Ad-hoc-Antworten provozieren, die aus der Sicht des Unternehmens später wenig hilfreich sind. Nur ist dann das Kind bereits in den Brunnen gefallen. Also: Planen Sie genau, und lassen Sie sich nicht von Ihrem Text abbringen!

3. Verwenden Sie einheitliche Sprachregelungen. Sie sind die verlässliche einmal gewählte Basisinformationen, die Ihnen und weiteren involvierten Personen Sicherheit verschafft. Sorgen Sie dafür, dass möglichst nur eine Person zu den Medien spricht und diese möglichst routiniert und medientauglich ist.

4. Einmal gegebene Antworten lassen sich im Nachhinein nur schwer korrigieren. Mit der Zusage zum Interview und dessen Aufnahme liegt das Einverständnis für die Ausstrahlung quasi vor. Um es zu widerrufen, müssen in der Zwischenzeit schon Umstände eingetreten sein, die zu einer Verletzung des Persönlichkeitsrechts führen würden. Und das ist äußerst selten nachweisbar.

5. Auch für Telefongespräche mit Redaktionen sollten Antworten zuvor schriftlich fixiert, aber so wiedergegeben werden, dass dem Redakteur am anderen Ende der Leitung nicht der Eindruck vermittelt wird, man würde ablesen. Haben sich bei schriftlich geführten Interviews Fehler eingeschlichen, empfiehlt es sich, umgehend in der Redaktion anzurufen, darauf hinzuweisen und die korrekte Antwort schriftlich nachzuliefern. In der Regel steht einer Korrektur dann nichts im Wege.

6. Voraussetzung ist aber eine vorher entsprechend getroffene Vereinbarung mit dem Redakteur über eine mögliche Sichtung vor der Veröffentlichung – üblich ist es nicht, obliegt aber dem Verhandlungsgeschick und der Kontaktbasis des Kommunikationsberaters.

V. Nach der Krise – Chance zu Neubesinnung und Neuaufbruch

Ebbt die akute Krise durch die eingeleiteten Maßnahmen allmählich ab, hat die Wiedergewinnung oder Verstärkung des Vertrauens oberste Priorität. Hier können die konstruktiven Aspekte der Krise sogar als „Chance zum Wandel" begriffen und nach außen kommuniziert werden. Jede Krise erzwingt neue unternehmerische Handlungsoptionen, die auch Chancen bieten: So etwa für einen frischen Dialog mit neuen und alten Zielgruppen, die Entwicklung neuer Märkte oder die Rückbesinnung auf klar definierte Themen- und Aufgabenfelder des Unternehmens. Mehr noch: Die überwundene Krise kann sogar eine unternehmerische Neupositionierung mit innovativen Dienstleistungen oder Produkten einläuten. Und last but not least: Sie kann den glaubwürdigen Dialog mit den Stakeholdern wiederherstellen.

Im Rahmen der Krisenbewältigung tritt das Krisenteam zusammen, um in der langsamen „Erholungsphase" Manöverkritik zu betreiben und systematisch zu erfassen, welche Fehler wann unter welchen Umständen gemacht worden sind. Ziel ist es, aus Fehlern klüger zu werden, anstatt einfach wieder zur Tagesordnung überzugehen. Das Krisenpräventionssystem wird auf seine Funktionsfähigkeit geprüft und ggf. überarbeitet.

Für die Krisenvermeidung ist es wichtig, den Zeitpunkt zu erkennen, zu dem Änderungen unausweichlich sind, um keine neuen Krisen zu schüren. In Zeiten der Arbeitszeitverlängerung ohne Lohnausgleich bei Unternehmen wie Siemens, Daimler Chrysler, VW und vielen anderen im Jahr 2004 heizte der spektakuläre Mannesmann-Prozess die Gemüter an.

Die in den Fall involvierten Manager verteidigten ihre hohen Abfindungszahlungen und Genehmigungen, während für die Belegschaft großer Konzerne die 40-Stunden-Woche wieder belebt wurde und Sozialleistungen gekürzt wurden.

Im Zentrum der breiten Erregung in der Öffentlichkeit steht der Vorwurf der haltlosen Selbstbereicherung in den Top-Etagen der deutschen Industrie, während der Standort Deutschland um seine Existenz kämpft. Die Arbeitnehmer erleben Einschnitte in ihre Einkommenssituation und gleichzeitig die Diskussion um überhöhte Abfindungszahlungen an Ex-Mannesmann-Chef Esser sowie Chefgehälter jenseits der 10-Millionen-Euro-Grenze. Die unangemessenen und uneinsichtigen Kommentare der Betroffenen sorgten für weiteren Unmut, der sich in den Medien spiegelt.

Das gesamte Top-Management in Deutschland steht am Pranger. Nun beschäftigt sich die Gesetzgebung damit, dass sie für die Zukunft nach oben gedeckelte Gehälter für Manager festlegen will. Richtig dagegen wäre es, wenn die Konzernchefs und die Aufsichtsräte selbst früher tätig geworden wären, um dieses Krisenthema zu entschärfen. Das auf Transparenz ausgelegte Corporate Governance Modell, zu dem sich die Konzerne bekannt haben, greift an dieser Stelle noch nicht. Doch ohne Einsicht und Eingehen auf das Thema gilt: Nach der Krise ist vor der Krise. Im Mannesmann-Prozess gab es zwar ausschließlich Freisprechungen, doch das daraus resultierende Mega-Thema Managementgehälter wird so lange Medienbeachtung finden, wie sich in Fragen der Standortsicherung Deutschland der Eindruck erhärtet, nur die Arbeitsebene sei von finanziellen Einschnitten betroffen. In diesem konkreten Fall ist die Phase einer Neubesinnung nicht ausreichend erkennbar.

Auch mangelnde interne Kommunikationsbeziehungen, so stellt Silke Hecker in ihrer Betrachtung der Krisenfälle Hoechst 1993 und Shell 1995 fest, führen beispielsweise dazu, dass Frühwarnsysteme oft nicht funktionieren können. Die Autorin bezieht sich u. a. auf den Fall Shell. Im Zusammenhang mit der Entsorgung der Ölplattform Brent Spar kam es in der externen Krisenkommunikation zu negativen Folgen, weil Greenpeace von Shell UK das Entsorgungskonzept anforderte und auch erhielt. Es wurde aber versäumt, intern diesen Vorgang weiter zu kommunizieren, so dass die Führung von den Greenpeace-Aktionen überrascht wurde, statt dass sie sich auf eine Aktion hätte vorbereiten können.

Auf solchen Missstand muss in der Nachbereitungsphase eingegangen werden, das heißt: Das Frühwarnsystem ist im Hinblick auf die internen Kommunikationsvernetzungen zu aktualisieren, z. B. über ein Extranet-Informationssystem für die Führungskräfte. Eine Folgensabschätzung im Hinblick auf die Herausgabe von internen Unterlagen muss ebenfalls Eingang in die Krisenprävention finden.

Weitere wichtige Fragen für die künftige Kommunikation:

- Müssen weitere Kriterien für das künftige Issue Management aufgenommen werden?
- Gibt eine Medieninhaltsanalyse Aufschluss darüber, ob die Kernbotschaften des Unternehmens transportiert werden konnten? Welche Rückschlüsse lässt die Medienanalyse für die künftige Kommunikationspolitik zu?
- Sind im Rahmen der Medienberichterstattung Statementgeber aufgetreten, die für die kontinuierliche Kommunikationsarbeit von Nutzen wären?
- Mit welchen negativ eingestellten Statementgebern sollte die Kontaktbasis verbessert und der Informationsstand korrigiert werden?
- Welche Modifizierungen gehen in Unternehmens- und Kommunikationsstrategie ein? Sind sie aufeinander abgestimmt?
- Welche Zielgruppen müssen künftig stärker beachtet werden? Wie sollen sie bearbeitet werden?
- Hat das Krisenteam optimal zusammengearbeitet, hat es in belastenden Situationen Souveränität bewahrt? Wenn nicht: Wie kann dies in Zukunft erreicht werden?
- Gab es Störungen, die künftig ausgeschlossen werden können?
- Sind Wissenslücken bei den Beteiligten zu schließen?
- Werden zusätzliche Schulungen oder regelmäßige Trainings benötigt, um künftig besser auf Krisensituationen vorbereitet zu sein?
- Müssen Leitlinien und Verhaltenskodizes angepasst werden?

- Haben Sicherheits- oder Qualitätsmängel zur Krise beigetragen? In welchem Zeitraum kann Abhilfe geschaffen werden, um neue Standards auch als Kommunikationsanlass zu nutzen?
- Will man sich mit neuen Verfahren oder Methoden auseinander setzen und damit Abläufe und Prozesse optimieren? Was ist dafür im Einzelnen zu tun? Wie soll dies durch Kommunikation begleitet werden?
- Welche Chancenpotenziale entdecken wir für unseren Marktauftritt?
- Welche konkreten Kommunikationsmaßnahmen helfen, Vertrauen und Glaubwürdigkeit in der Öffentlichkeit auf- und auszubauen?
- Soll künftig professionelle Beratung in der Krisenprävention und für Krisensituationen hinzugezogen werden?

Die Kommunikationsbeziehungen zu den Zielgruppen sind nach einer Krise oft intensiver als in anderen Zeiten. Diese besondere Aufmerksamkeit eignet sich darum, um strukturiert eine langfristige Vertrauen bildende Kommunikationspolitik zu optimieren. Nutzen Sie die darin liegenden Chancen, sich bei Ihren Stakeholdern mit den geeigneten Mitteln Reputationszugewinn zu verschaffen.

Untersuchungen zeigen, dass insbesondere in der „Besinnungsphase" Dialogveranstaltungen als das wichtigste Instrument erachtet werden: Betriebsversammlungen, Tage der offenen Tür für die Nachbarschaft einer Produktionsstätte, Informationsveranstaltungen für Bürger und Vereine, Hintergrundgespräche mit Politikern oder anderen Entscheidern sind einige Beispiele. Die Unternehmen beweisen so, inwieweit sie Einsicht zeigen, ob sie die Ängste und Unsicherheiten der Menschen ernst nehmen, darauf eingehen und zur Aufklärung beitragen wollen. Noch wichtiger: Sie stellen sich auch unangenehmen Fragen und demonstrieren, dass sie gesellschaftliche Verantwortung zu tragen in der Lage sind.

Eine Aufarbeitung der Krisengeschichte in Form eines Reports durch das betroffene Unternehmen selbst ist ein geeignetes Medium, um nachzuweisen, wie intensiv sich die Organisation mit der Situation und mit den Konsequenzen aus der

Krise auseinander gesetzt hat. So hat Hoechst nach den Störfällen in seiner Produktionsstätte genauso wie Shell nach der Brent Spar-Affäre eine umfassende Dokumentation – aus möglichst objektivem Blickwinkel – veröffentlicht. Die Verbreitung der Bücher spielte damit in der Aufklärung, der Beschreibung der Vorgänge und deren Nachvollziehbarkeit für eine breite Öffentlichkeit eine wichtige Rolle – die Steuerung übernahmen die betroffenen Unternehmen dabei selbst.

Auch der Auftritt auf Seminaren oder Vortragsveranstaltungen durch einen Unternehmensvertreter oder dessen Gastartikel in einschlägigen Medien tragen dazu bei, dass die Organisation selbst die Krisensituation darstellen kann und darüber berichtet, wie sie diese gemeistert hat. Damit ist auch gewährleistet, das eigene Unternehmen in seinen Aktivitäten und Zielen von einer positiven Seite zu beleuchten. Oft können hier erste konkrete Maßnahmen präsentiert werden, die ein verändertes oder neues Image beeinflussen sollen.

Mit einer Neupositonierung Chancen für die Zukunft ergreifen

Das Innehalten und die Besinnung auf das, was das Unternehmen in der Vergangenheit richtig oder falsch gemacht hat, ist oft ein erster Schritt, sich mit der künftigen Ausrichtung und mit den längerfristigen Unternehmenszielen auseinander zu setzen. Jetzt ist die Gelegenheit, sich systematisch mit der Fragestellung zu beschäftigen, ob alle Unternehmensbereiche aufeinander eingespielt sind und ob sie in ihrem Wirken auf ein und dasselbe Unternehmens- und Erfolgskonto einzahlen.

Wie will sich das Unternehmen in Zukunft aufstellen? Welche Produkte und Dienstleistungen sollen angeboten, welche sollen überarbeitet werden? Was unterscheidet das Unternehmen mit seinem Angebot vom Wettbewerb, und wie soll das kommuniziert werden? Ist dafür ein Strategiewechsel notwendig? Das sind einige der wesentlichen Fragen, die sich das Management eines Unternehmens zu beantworten hat.

Die Unternehmenskommunikation ist dabei zentrale Steuerungseinheit, damit die Stakeholder einen einmal eingeläuteten

Änderungs- und Neupositionierungsprozess nachvollziehen, akzeptieren und sich damit auch identifizieren können.

Eine Neupositionierung erfolgt in engem Schulterschluss zwischen der Unternehmensführung und der Unternehmenskommunikation. Hier werden an erster Stelle die Markenwerte und Markenbotschaften auf Basis der Alleinstellungsmerkmale erarbeitet: Darauf folgt die Positionierung und ein neues Leitbild wird entwickelt, das folgende Fragen beantwortet:

- Was ist die Vision für das Unternehmen, sprich: Welche Ziele will ich nach Abschluss eines längeren Zeitraumes erreicht haben?
- Was ist die Philosophie, wie sieht die Werteskala für das Unternehmen und seine Mitarbeiter aus? Welches Selbstverständnis begleitet das Unternehmen in seinem Tun?
- Was ist die Mission des Unternehmens, also: Was ist die konkrete Aufgabe, die das Unternehmen zu erfüllen hat?
- Welche Leitlinien sind daraus abzuleiten? Wie können die Mitarbeiter in der Zukunft motiviert werden, zum Unternehmenserfolg beizutragen?
- Wie sehen die Motivationsinstrumente aus?
- Was bedeutet die Neupositionierung für das Customer Relations Management? Wie wollen wir künftig unsere Kunden pflegen und betreuen?
- In welcher Hinsicht muss dafür die Dienstleistung modifiziert werden?
- Welche Geschäftsprozesse sind zu optimieren?
- Welche neuen Zielmärkte werden bestimmt?
  u. v. m.

Damit richtet das Unternehmen seine Aktivitäten und seine Kommunikation auf eine Zukunft aus, die es beeinflussen kann. Der Leitgedanke dabei ist, dass der Krisenfall von den Medien allenfalls noch im Zusammenhang mit der anschließenden positiven Entwicklung und der vollzogenen Wende des Unternehmens erwähnt wird.

Vertrauen und Glaubwürdigkeit erlangt eine Organisation mit einer Neupositionierung aber nur dann, wenn es ihr gelingt, authentisch zu bleiben und in erster Linie alle internen Zielgruppen hinter sich zu stellen.

Wenn der Prozess einer Neupositionierung ohne die intensive Einbindung der Mitarbeiter erfolgt, dann ist der angestrebte Erfolg in jedem Fall eingeschränkt. Denn der innere Boykott, die innere Verabschiedung eines Mitarbeiters von den Zielen und dem Unternehmen kostet enorm viel Geld.

Ein Beispiel: Ein mittelständisches Dienstleistungsunternehmen hatte einen Managementskandal überwunden und entschloss sich zu einer Neuorientierung. Es wurden Leitsätze für die Mitarbeiter entwickelt, die eher Anweisungen und Spielregeln unter versteckter Androhung von Restriktionen entsprachen. Alle Leitsätze entstanden ohne Mitwirkung der Mitarbeiter. Diese wurden dann damit überrascht, dass sie am Ostersamstag eine Hochglanzbroschüre mit den neuen „Guidelines" in ihrem Briefkasten fanden. In einem Anschreiben der Geschäftsleitung wurden sie informiert, dass sich das Unternehmen künftig international aufstellen werde und dazu die Leitlinien von jedem Mitarbeiter in der Zukunft doch bitte zu beachten seien. Im letzten Satz wünschten die Geschäftsführer viel Spaß bei der Lektüre.

Diese Form von Krisenaufarbeitung hat eher eine neue Krise zur Folge, nämlich frustrierte Mitarbeiter, die erstens mit entscheiden wollen und zweitens eine Information am Arbeitsplatz verdient haben. Die Gelegenheit, Fragen zu stellen und sich mit Kollegen auszutauschen, wollte die Geschäftsführung vermeiden, um kostbare Arbeitszeit einzusparen. Tatsächlich jedoch bedeutete diese unsensible Vorgehensweise, dass im Nachhinein Reparaturarbeiten vorzunehmen waren. Die Mitarbeiter waren aufgebracht und benannten Interessenvertreter, die den Missmut an die Geschäftsleitung kommunizierten.

Die daraus resultierenden Maßnahmen umfassten die Durchführung von Mitarbeiter-Workshops, die Neufassung der Leitlinien und eine Kick-off-Veranstaltung, in der alle Beteiligten ins Boot geholt werden sollten. Über die internen Kommunikationsinstrumente Intranet und Mitarbeiter-Zeitung wurden alle Prozesse begleitet. Durch die schnelle Einsicht der Firmenleitung konnte verloren geglaubtes Vertrauen in der Belegschaft rasch wieder gewonnen werden. Der Neubeginn wurde in einer Kundenveranstaltung und einer vorgeschalteten Pressekonferenz extern bekannt gemacht und fand positive Resonanz.

Mit der Neubesinnung beginnt ein neuer Abschnitt in der Unternehmensgeschichte: Es geht darum, die Chance zum Wandel zu erkennen und wahrzunehmen, souverän, orientiert sowie Orientierung gebend und sicher neue unternehmerische Herausforderungen anzunehmen und – intelligent zu kommunizieren.

VI. Anhang

Sofortmaßnahmen

Crash-Checkliste
Kommunikationstools für die ersten drei Stunden

Sofortmaßnahmen

Sofortmaßnahmen	Zeitrahmen	Ergebnis	To Do	Verantwortlich
Einberufung des Krisenstabes (falls nicht vorhanden: Führungskreis des Unternehmens)	innerhalb einer Stunde			
Protokollant festlegen	sofort			(Assistenz der Geschäftsführung)
Alle wichtigen Ansprechpartner mit Rufnummern verfügbar halten (intern und extern)	innerhalb einer Stunde			
Sprecher festlegen; Aufgaben und Verantwortlichkeiten verteilen (Vertreter des Sprechers benennen)	innerhalb einer Stunde			
Kommunikationsmittel (Handy, Walkie-Talkie) für die Kommunikation untereinander ausgeben	innerhalb einer Stunde			
Bei Unglücksfall, kriminellem Akt, Störfall in der Fabrik, Feuer o.Ä. mit Tragweite: **Behörden unverzüglich informieren**	unverzüglich		Feuerwehr rückt aus; Polizei macht Lautsprecherdurchsagen; AV-Medien geben Warnhinweise	

Sofortmaßnahmen	Zeitrahmen	Ergebnis	To Do	Verantwortlich
Hinzuziehen Rechtsberatung und Kommunikationsberatung (auch telefonisch)	innerhalb von zwei Stunden			
Start der schriftlichen Dokumentation jeden Schrittes; Schreibschutz des Dokumentes nicht vergessen	sofort			
Chronologie der Ereignisse anlegen und fortschreiben	sofort			
Alle wichtigen Fragestellungen sofort notieren, Fragen- und Antwortenpapier entwickeln	sofort			
2. Telefonleitung für Sprecher; ausschließlich ausgehende Gespräche, deren Nummer nicht öffentlich ist	innerhalb einer Stunde			
Vertraulichkeitsanweisung/-erklärung für alle bereits festgestellten Beteiligten/Mitwisser	innerhalb einer Stunde			
Geplante Kommunikationsaktivitäten im Zweifel stoppen (Event; Pressemitteilung; Presseworkshop; Kundenveranstaltung)	innerhalb von drei Stunden (nach Erkenntnislage)			

Analyse des Sachverhaltes

Analyse/Klärung des Sachverhaltes	Zeitrahmen	Ergebnis	To Do	Verantwortlich
Was ist der konkrete Anlass für die Krise?	innerhalb von zwei Stunden			
	sofort			
Wer hat den Schaden gemeldet bzw. eine Schadensmeldung oder einen Hinweis entgegengenommen?	innerhalb einer Stunde			
Feststellung: Wer weiß bereits davon? – intern – extern	sofort			
Namen und Adressen feststellen	innerhalb der ersten zwei bis drei Stunden			
Ist die meldende Person glaubwürdig?	innerhalb der ersten zwei bis drei Stunden	ja nein		
Hat der Schadensfall hohe Auswirkungen auf das Tagesgeschäft?	innerhalb einer Stunde	ja nein		
Sind Menschen zu Schaden gekommen?	sofort	ja nein		

	Zeitrahmen	Ergebnis	To Do	Verantwortlich
Wenn ja: In welchem Ausmaß?	sofort			
Sind die Betroffenen bereits bekannt?	innerhalb einer Stunde	ja nein		
Gibt es bereits Reaktionen, auf die schnellstens einzugehen ist?	innerhalb einer Stunde	ja nein		
Veranlassung psychologischer Dienst notwendig?	innerhalb einer Stunde	ja nein		
Ist eine Betreuung vor Ort veranlasst/sicher gestellt?	innerhalb einer Stunde	ja nein		
Sind wichtige Betriebsteile außer Funktion gesetzt?	innerhalb einer Stunde	ja nein		
Wer ist intern Experte für das Thema und kann weiteren Aufschluss geben?	innerhalb von zwei Stunden			
Wer ist extern mit dem Unternehmen verbunden und kann bei der Klärung/Bearbeitung helfen?	innerhalb von zwei Stunden			
Gibt es krisenverschärfende Faktoren?	innerhalb von zwei Stunden	ja nein		
Ist eine ständige Verfügbarkeit des Sprechers/von Verantwortlichen sicher gestellt?	innerhalb einer Stunde	ja nein		

Analyse des Sachverhalts

	Zeitrahmen	Ergebnis	To Do	Verantwortlich
Wie ist das Ausmaß der Krise gegenwärtig einzuschätzen? - finanziell - existenziell - kommunikativ	innerhalb von zwei Stunden	gering mittel hoch		
Ausfüllen eines Ereignisbogens mit Gefahreneinschätzung	nach zwei Stunden			
Festlegung aller weiteren Schritte	nach zwei Stunden		Verteilen der Verantwortlich-keiten im Krisen-team; Start der Aktivitäten	Krisenteammitglieder: a) b) c)

Erste Aktivitäten	Zeitrahmen	Ergebnis	To Do	Verantwortlich
Anweisung an Mitarbeiter mit öffentl. Kontakt (Pförtner, Empfang; Telefonzentrale; Call-Center-Leiter)	innerhalb von drei Stunden			
Information externer Stellen aus rechtlichen Zwängen: Polizei; Aufsichtsbehörden; Staatsanwaltschaft etc.	innerhalb von drei Stunden			
Beauftragung Dritter mit Untersuchungen oder Tests oder Betreuungsfunktion	innerhalb von drei Stunden			
Einbindung vertrauenswürdiger Dritter in die Krisenbewältigung	innerhalb von drei Stunden			
Vor-Ort-Besichtigung; Präsenz zeigen	innerhalb von drei Stunden			

Kommunikation

Kommunikation	Zeitrahmen	Ergebnis	To Do	Verantwortlich
	innerhalb von drei Stunden			
- Verfügbarkeit aller Instrumente sicher stellen - individueller Verteiler - Hotline frei schalten lassen - aktuelle Unternehmensdaten zusammenstellen - Fotos, Grafiken bereitstellen - Darksite auf aktuellen Stand bringen - ggf. Nachrichten von der homepage nehmen - Vorbereitung Fragen- und Antwortenpapier - Vorbereitung Statements - Vorbereitung interne und externe Information - Abstimmung z. B. mit Pressesprecher der Polizei - Schulung Call-Center Mitarbeiter - weitere				

Alle weiteren Maßnahmen werden gemäß eines kontinuierlich fortzuschreibenden akuten Krisenbewältigungsplanes durchgeführt – wie im Kapitel „Die akute Krise" beschrieben.

Literatur

Weiterführende Literatur

Ausgewählt von Klaus Merten

Adams, William C. (1992): The Role of Media Relations in Risk Communication, in: Public Relations Quarterly, 37, No. 4: 28.

Ahlbrecht, Merle (1999): Wenn Krisen-PR zur PR-Krise führt. Krisen-PR der Unternehmung am Fallbeispiel der A-Klasse-Krise der Daimler-Benz AG, in: Public Relations Forum, 5, Heft 4: 21–213.

Ahrens, Rupert/Eberhard Knödler-Bunte (2003): Public Relations in der öffentlichen Diskussion. Die Affäre Hunzinger – ein PR-Mißverständnis. Berlin: mediamind.

Arelmann, Ernst-Robert (1998): Die Krise als Event wider Willen. Sind Imageschäden ein Phantom?, in: Public Relations Forum, 4, Heft 2: 90–91.

Baerns, Barbara/Joachim Klewes (1996): Fehlfunktion im Mediensystem. Brent Spar und die Medien, in: Sage & Schreibe, Heft 2: 20–21.

Barth, Henrike/Wolfgang Donsbach (1992): Aktivität und Passivität von Journalisten gegenüber Public Relations. Fallstudie am Beispiel von Pressekonferenzen zu Umweltthemen, in: Publizistik, 37, Heft 2: 151–165.

Bayerische Rück (Hrsg.) (1993): Risiko ist ein Konstrukt. München: Knesebeck.

Beck, Ulrich (1986): Risikogesellschaft. Auf dem Weg in eine andere Moderne. Frankfurt/M.: Suhrkamp.

Bentele, Günter (1991): Die Öltanker kommen!, in: prmagazin, 22, Heft 12: 20–22.

Bentele, Günter (1994): Hoechst interessant, in: Sage & Schreibe, Heft 5: 32 f.

Bentele, Günter (2000): Über die Rolle der PR in gesellschaftlichen Dialogen. In: Thomas von Schell/ Rüdiger Seltz (Hrsg.): Inszenierungen zur Gentechnik: Konflikte, Kommunikation und Kommerz. Opladen: Westdeutscher Verlag: 154–168.

Bentele, Günter/Lothar Rolke (Hrsg.) (1998): Konflikte, Krisen und Kommunikationschancen. Case Studies aus der PR-Praxis. Berlin: VISTAS.

Benthall, Jonathan (1995): Disasters, Relief and the Media. London: Tauris.

Berens, Harald und Lutz M. Hagen (1997): Der Fall Brent Spar in Hauptnachrichtensendungen in: Bentele Günter und Michael Haller (Hrsg.): Günter Bentele/Michael Haller (Hrsg.): Aktuelle Entstehung von Öffentlichkeit. Akteure, Strukturen, Veränderungen (=Schriftenreihe der Deutschen Gesellschaft für Publizistik- und Kommunikationswissenschaft, Bd. 24). Konstanz: UVK: 539-549.

Berge, Dieudonnee ten (1990): The First 24 Hours. A Comprehensive Guide to Successful Crisis Communications. Oxford u. a.: Basil Blackwell.

Brühwiler, Bruno (2001): Unternehmensweites Risk Management als Frühwarnsystem. Bern u. a.: Haupt.

Bühler, Heike (2003): Neue Wege der Krisen-PR, in: prmagazin, 34, Heft 5: 41–48.

Chase, W. Howard (1977): Public Issue Management: The New Science, in: Public Relations Journal, 33, Nr. 10: 25-26.

Dougherty, Devon (1992): Crisis Communications. What Every Executive Needs to Know. New York: Walker.

Durant, John/Martin W. Bauer/George Gaskell (1998): Biotechnology in the Public Sphere. A Sourcebook. London: Science Museum.

Eggert, Axel (2000): Internet und Krisen-PR, in: prmagazin, 31, Heft 5: 35–42.

Fearn-Banks, Kathleen (1996): Crisis Communications. A Casebook Approach. Mahwah: Erlbaum.

Femers, Susanne (1993): Information über technische Risiken. Zur Rolle der fehlenden direkten Erfahrbarkeit von Risiken und den Effekten abstrakter und konkreter Informationen. Frankfurt/M.: Lang.

Fiedler, S. (1994): Kommunikation zur Krisenvermeidung und -vorsorge. In: Roland Gareis (Hrsg.): Erfolgsfaktor Krise. Konstruktionen, Methoden, Fallstudien zum Krisenmanagement. Wien: Signum: 211–235.

Furchert, Dirk (1996): Konfliktmanagement in der kommunalen Presse- und Öffentlichkeitsarbeit. Stuttgart: Kohlhammer.

Furchert, Dirk (1998): Presseamtsleiter als Diplomaten? Eine empirische Umfrage zum Konfliktmanagement in der Presse- und Öffentlichkeitsarbeit deutscher Großstädte. In: Günter Bentele/Lothar Rolke (Hrsg.): Konflikte, Krisen und Kommunikationschancen in der Mediengesellschaft: Case studies aus der PR-Praxis. Berlin: VISTAS: 15–56.

Furchert, Dirk (2000): Doppelagenten, in: Journalist, 50, Heft 10: 14.

Gärtner, Edgar (1994): Erfahrungen aus einer Störfallserie. In: Lothar Rolke/Bernd Rosema/Horst Avenarius (Hrsg.): Unternehmen in der ökologischen Diskussion. Umweltkommunikation auf dem Prüfstand. Opladen: Westdeutscher Verlag: 223–230.

Gonzáles-Herrero, Alfonso/Cornelius B. Pratt (1995): How to Manage a Crisis Before – or Whenever – It Hits, in: Public Relations Quarterly, 40, No. 2: 25–29.

Gonzáles-Herrero, Alfonso/Cornelius B. Pratt (1996): An Integrated Symmetrical Model for Crisis-Communication Management, in: Journal of Public Relations Research, 8, No. 2: 79–105.

Görke, Alexander (1999): Risikojournalismus und Risikogesellschaft. Opladen: Westdeutscher Verlag.

Götsch, Katja (1994): Riskantes Vertrauen, Theoretische und empirische Untersuchung zum Konstrukt Glaubwürdgkeit. Münster u. a.: Lit.

Green, Peter Sheldon (1992): Reputation Risk Management. London: Financial Times.

Hall, Peter Christian (2002): Die offene Gesellschaft und ihre Medien in Zeiten ihrer Bedrohung. Mainz: Verlag ZDF.

Hampel, Jürgen/Ortwin Renn (Hrsg.) (1999): Gentechnik in der Öffentlichkeit. Frankfurt/M.: Campus.

Hasitschka, Werner (1994): Krisenmarketing. In: Hermann Diller (Hrsg.): Vahlens großes Marketing Lexikon. München: Vahlen.

Haugwitz, Gunter (1993): Die Krise: Chance für die Mitarbeiterzeitschrift, in: prmagazin, 24, Heft 1: 43–45.

Hauser, Thomas (1994): Krisen-PR von Unternehmen. Analyse von Kommunikationsstrategien anhand ausgewählter Krisenfälle. München: FGM-Verlag.

Hecker, Silke (1997): Kommunikation in ökologischen Unternehmenskrisen. Der Fall Shell und Brent Spar. Wiesbaden: Deutscher Universitäts-Verlag.

Herbst, Dieter (1999): Krisen meistern durch PR. Neuwied u.a.: Luchterhand.

Homuth, Sebastian (2001): Wirksame Krisenkommunikation. Theorie und Praxis der Public Relations in Imagekrisen. Norderstedt: Book on Demand.

Hribal, L. (1999): Public Relations – Kultur und Risikokommunikation. Konstanz: UVK.

Informationszentrale der Elektrizitätswirtschaft (IZE) (Hrsg.) (1993): Krisenmanagement. Ein Leitfaden für das Management bei Problemfällen. Frankfurt/M.

Jaenecke, Jürgen (1993): Krisen-PR. In: Dieter Pflaum/Wolfgang Pieper (Hrsg.): Lexikon der Public Relations. Landsberg/Lech: Verlag Moderne Industrie: 283–287.

Johanssen, Klaus-Peter (1998): Betrachtungen zu einem Krisenfall [„Brent Spar"], in: Public Relations Forum, 4, Heft 3: 169–172.

Johanssen, Klaus-Peter (2000): Vom professionellen Umgang mit Krisen, in: Public Relations Forum, 6, Heft 2: 94–95.

Johannsen, Klaus-Peter (2002): Krise – Katastrophe oder produktiver Vorgang? In: Stephan Becker-Sonnenschein und Manfred Schwarzmeier (Hrsg.): Vom schlichten Sein zum schönen Schein? Kommunikationsanforderungen von PublicRelations und Politik. Wiesbaden: Westdeutscher Verlag: 71–78.

Kepplinger, Hans Mathias/Simone Christine Ehmig/Christine Ahlheim (1991): Gentechnik im Widerstreit. Zum Verhältnis von Wissenschaft und Journalismus. Frankfurt/M. u. a.: Campus.

Kepplinger, Hans Mathias/Uwe Hartung (1995): Störfall-Fieber: wie ein Unfall zum Schlüsselereignis einer Unfallserie wird. Freiburg u. a.: Alber.

Kitzinger, Jenny/Jacquie Reilly (1997): The Rise and Fall of Risk Reporting. Media Coverage of Human Genetics Research, „False Memory Syndrome" and „Mad Cow Disease", in: European Journal of Communication, 12, No. 3: 319–350.

Klaus, Elisabeth (1997): Die Brent-Spar-Kampagne oder: Wie funktioniert Öffentlichkeit?. In: Ulrike Röttger (Hrsg.): PR-Kampagnen. Über die Inszenierung von Öffentlichkeit. Opladen: Westdeutscher Verlag: 99–120.

Klenk, Volker (1989): Krisen-PR mit Hilfe von Krisenmodellen, in: prmagazin, 20, Heft 2: 29–36.

Klimke, Robert/Barbara Schott (1993): Die Kunst der Krisen-PR. Paderborn: Junfermann.

Kocks, Klaus (1998b): PR-Krisen durch Krisen-PR? In: Klaus Merten/Rainer Zimmermann (Hrsg.): Das Handbuch der Unternehmenskommunikation. Köln u. a.: Verlag Deutscher Wirtschaftsdienst, Luchterhand: 134–140.

Köhler, Tanja und Adrian Schaffranietz (Hrsg.) (2004): Public Relations – Perspektiven und Potentiale im 21. Jahrhundert. Wiesbaden: Verlag für Sozialwissenschaften.

Kriebel, Wolf-Henning (1993): Das 5-Ebenen-Modell. Konfliktkommunikation für Führungskräfte. Anleitung zum öffentlichen Streit. Remagen-Rolandseck: Rommerskirchen.

Krüger, Christian und Matthias Müller-Hennig (Hrsg.) (2000): Greenpeace auf dem Wahrnehmungsmarkt. Münster; Hamburg: Lit.

Krüger, Jens/Stephan Ruß-Mohl (Hrsg.)(1991): Risikokommunikation. Technikakzeptanz, Medien und Kommunikationsrisiken. Berlin: edition sigma.
Krysteck, Ulrich (1987): Unternehmenskrisen. Wiesbaden: Gabler.

Krysteck, Ulrich (2000): Krisenmanagement. In: Reinhold Sellien/Helmut Sellien (Hrsg.): Gablers Wirtschaftslexikon. Wiesbaden: Gabler: 1886–1889.

Kunczik, Michael/Alexander Heintzel/Astrid Zipfel (1995): Krisen-PR. Unternehmensstrategien im umweltsensiblen Bereich. Köln u. a.: Böhlau.

Lambeck, Alfred (1992): Die Krise bewältigen. Management und Öffentlichkeitsarbeit im Ernstfall. Frankfurt/M.: IMK.

Langenbucher, Wolfgang R. (Hrsg.)(1992): Strukturen einer partizipativen Lerngesellschaft – Handlungskonsequenz – Prinzipien der Risikosensibilität. In: Horst Avenarius/Wolfgang Armbrecht (Hrsg.): Ist Public Relations eine Wissenschaft?. Opladen: Westdeutscher Verlag: 371–380.

Lauf, Edmund (1990): Gerücht und Klatsch. Die Diffusion der „abgerissenen Hand". Berlin: Spiess.

Lesly, Philip (1991): Policy, Issues, Crises, and Opportunities. In: Philip Lesly (Hrsg.) ([4]1991): Lesly's Handbook of Public Relations and Communications. Chicago: Probus: 20–38.

Luhmann, Niklas (1991): Soziologie des Risikos. Berlin: de Gruyter.

Mathes, Rainer et al. (1993): Krisenkommunikation 1, in: prmagazin, 24, Heft 11: 31–38.

Mathes, Rainer et al. (1993a): Krisenkommunikation 2, in: prmagazin, 24, Heft 12: 33–36.

Mathes, Rainer/Hans-Dieter Gärtner/Andreas Czaplicki (1991): Kommunikation in der Krise. Autopsie eines Medienereignisses. Das Grubenunglück in Borken. Frankfurt/M.: IMK.

Moeller, Klaus Ulrich (1993): Störfall-PR: Ist der Ruf erst ruiniert ..., in: Harvard Business Manager, 15, Heft 4: 23.

Müller, Lambert (1993): Krisen-PR: Minder giftig – minder wichtig?, in: prmagazin, 24, Heft 5: 30–33.

Müller, Lambert (1998): Die A-Klasse und die Krise der Kommunikation bei Daimler-Benz. Eine kritische Analyse mit neuen Vorschlägen, in: prmagazin, 29, Heft 4: 35–44.

Müller-Vivil, Alexander C. (2000): Kommunikationsintendierte Risikopolitik. Wiesbaden: Deutscher Universitäts-Verlag.

N. N. (1996a): Aus dem PR-Debakel lernen. Brent Spar als Medienereignis, in: Sage & Schreibe, Heft 2: 22.

Neidhart, Thilo (1996): Blood, Sweat and Tears, in: prmagazin, 27, Heft 11: 12–17.

Paschek, L. (2000): Sprachliche Strategien in Unternehmenskrisen. Wiesbaden.

Peters, Hans Peter (1991): Durch Risikokommunikation zur Technikzeptanz? Die Kontruktion von Risiko„wirklichkeiten" durch Experten, Gegenexperten und Öffentlichkeit. In: Jens Krüger/Stephan Ruß-Mohl (Hrsg.): Risikokommunikation. Berlin: edition sigma: 11–66.

Peters, Hans Peter (1992): Umweltberichterstattung und Risikokommunikation. Eine wissenschaftliche Perspektive, in: prmagazin, 23, Heft 9: 39–50.

Peters, Hans Peter (1994): Risikommunikation in den Medien. In: Klaus Merten/ Siegfried J. Schmidt/ Siegfried Weischenberg (Hrsg.): Die Wirklichkeit der Medien. Eine Einführung in die Kommunikationswissenschaft. Opladen: Westdeutscher Verlag: 329–351.

Peters, Hans Peter/Leo Hennen (1990): Orientierung an Unsicherheit. Bewertung der Informationspolitik und Medienberichterstattung nach „Tschernobyl", in: Kölner Zeitschrift für Soziologie und Sozialpsychologie, 42, Heft 2: 300–312.

Peters, Hans-Peter (1990): Kommunikation über die Risiken der Kernenergie. Jülich: Kernforschungsanlage Jülich.

Piwinger, Manfred (Hrsg.)(1997): Stimmungen, Skandale, Vorurteile. Formen symbolischer und emotionaler Kommunikation. Wie PR-Praktiker sie verstehen und steuern können. Frankfurt/M.: IMK.

Piwinger, Manfred/Wolfgang Niehüser (1994a): Skandale: Verlauf und Bewältigung. Strukturen und Funktionen indiskreter Kommunikationsformen. 3. PR-Kolloquium. DPRG-Landesgruppe NRW (Hrsg.). Wuppertal.

Puchtleitner, Klaus (1994): Public Relations in Krisenzeiten. Das Handbuch für situationsorientierte Öffentlichkeitsarbeit. Wien: Signum.

Raabe, Johannes (1995): Skandalisierung als Skandal? Diskussion über Politikverdrossenheit und Medien, in: Aviso. Informationsdienst der Deutschen Gesellschaft für Publizistik- und Kommunikationswissenschaft, Heft 15: 14.

Regester, Michael/Judy Larkin (1997): Risk Issues and Crisis Management. A Casebook of Best Practice. London: Kogan Page.

Reineke, Wolfgang (1997): Krisenmanagement. Richtiger Umgang mit den Medien in Krisensituationen. Essen: Stamm.

Renn, Ortwin/Hans Kastenholz (1998): Risikokommunikation. In: Volker Preuss (Hrsg.): Risikoanalysen, Bd. 2. Heidelberg: Asanger: 257–288.

Rolke, Lothar (2001): Mehr öffentliche Konfliktfähigkeit erforderlich – Unternehmen im Vergleich mit politischen Organisationen. In: Ulrike Röttger (Hrsg.): Issues Management. Wiesbaden: Westdeutscher Verlag: 235–254.

Roselieb, Frank (1999): Empirische Befunde. In: Marie-Elisabeth Henckel von Donnersmarck (Hrsg.): Frühwarnsysteme. Bonn: Innovatio: 85–105.

Roselieb, Frank (2000): Tipps aus Übersee, in: prmagazin, 31, Heft 12: 50–52.

Roselieb, Frank (Hrsg.) (2002): Die Krise managen. 5 wertsteigernde Strategien für die Internetwirtschaft. Frankfurt/M.: F.A.Z.

Roselieb, Frank/Christian Barrot (1999): Krisenkommunikation für das Jahr-2000-Problem, in: prmagazin, 30, Heft 8: 35–42.

Rosema, Bernd (1993): Kreativ aus der Krise, in: prmagazin, 24, Heft 9: 37–44.

Rudolph, Werner A. (1991a): Zwischen Krisen-PR und Informationsboykott, in: prmagazin, 22, Heft 10: 14–18.

Ruhrmann, Georg (1992): Risikokommunikation, in: Publizistik, 37, Heft 4: 5–24.

Ruhrmann, Georg (1995): Risikokommunikation: theoretische und empirische Analysen. Opladen: Westdeutscher Verlag.

Ruhrmann, Georg/Dagmar Schütte (1991): Öffentlichkeitsarbeit und Risiko-Kommunikation (I), in: prmagazin, 22, Heft 1: 27–34.

Sarcinelli, Ulrich/Jochen Hoffmann (1997): Öffentlichkeitsarbeit zwischen Ideal und Ideologie: Wie viel Moral verträgt PR und wie viel PR verträgt Moral? In: Ulrike Röttger (Hrsg.): PR-Kampagnen: Über die Inszenierung von Öffentlichkeit. Opladen: Westdeutscher Verlag: 35–50.

Sauerbier, Rolf (1994): Tschernobyl und die Folgen, in: prmagazin, 24, Heft 1: 29–30 und 35–36.

Sauerhaft, Stan/Chris Atkins (1989): Image Wars: Protecting Your Company When there's No Place to Hide. New York: Wiley.

Schäfer, Piero (1996): Krisen-PR: Am Tag danach, in: prmagazin, 27, Heft 1: 26 f.

Schanne, Michael/Werner A. Meier (1992): Risiko-Kommunikation. Ergebnisse aus kommunikationswissenschaftlichen Analysen journalistischer Umwelt-Risiko-Berichterstattung, in: Rundfunk und Fernsehen, 40, Heft 2: 264–290.

Schatz, Roland (1998): Holocaust als Produkt: Entschädigungszahlungen/Durch offensive PR-Arbeit hat es die Allianz-Versicherung vermieden, an den Medien-Pranger gestellt zu werden. Eine Berichterstattung, wie sie die Schweizer Banken erlebt haben, blieb aus, in: Sage & Schreibe, Heft 10: 60 f.

Scherler, Patrik (1996): Kommunikation mit externen Anspruchsgruppen als Erfolgsfaktor im Krisenmanagement eines Konzerns. Erfahrungen aus dem Fall Brent Spar (Greenpeace vs. Shell). Basel: Helbing & Lichtenhahn.

Schmidt, Sandra-Valeska (1996): Besucht Mururoa, Robben sind Schädlinge, vergeßt BSE! Im nationalen Auftrag: Staats-PR zwischen Reisewerbung und Krisenmanagement, in: InSight Kommunikation, Heft 7: 34–37.

Schönefeld, Ludwig (1994): Ein Jahr nach Griesheim ... Wie Hoechst die Bevölkerung, die Medien und die Mitarbeiter informierte. Frankfurt/M.: Hoechst AG.

Schönefeld, Ludwig (1994 a): Krisenkommunikation in der Bewährung. In: Lothar Rolke/Bernd Rosema/ Horst Avenarius (Hrsg.): Unternehmen in der ökologischen Diskussion. Umweltkommunikation auf dem Prüfstand. Opladen: Westdeutscher Verlag: 207–222.

Schraewer, Claudia (2003): Skandale und Missstände – zur Bedeutung der Sprache für die Realitätsdarstellung, in: Publizistik, 48: Heft 1: 47–62.

Schruff, Erich (2000): Aus der Krise eine Spur in die Zukunft legen. In: Klaus Merten/Rainer Zimmermann (Hrsg.): Das Handbuch der Unternehmenskommunikation 2000/2001. Köln u. a.: Deutscher Wirtschaftsdienst, Luchterhand: 219–223.

Smith, Tom W. (2003): The Cuban Missile Crisis and U. S. Public Opinion, in: Public Opinion Quarterly, 67, 2: 265–293.

Stiebel, David (1997): When Talking Makes Things Worse! Resolving Problems When Communication Fails. Dallas: Whitehall & Nolton.

Stocker, Kurt P. (1997): A Strategic Approach to Crisis Management. In: Clarke L. Caywood (Hrsg.): The Handbook of Strategic Public Relations & Integrated Communications. New York: McGraw-Hill: 189–206.

Stolper, Thomas (1995): In die Röhre geguckt, in: prmagazin, 26, Heft 11: 26–28.

Töpfer, Armin (1999): Die A-Klasse. Neuwied: Luchterhand.

Töpfer, Armin (1999 a): Plötzliche Unternehmenskrisen. Neuwied: Luchterhand.

Uth, Hans-Joachim (Hrsg.) (1994): Krisenmanagement bei Störfällen. Vorsorge und Abwehr der Gefahren durch chemische
Stoffe. Berlin u. a.: Springer.

Vowe, Gerhard (1997): Feldzüge um die Öffentliche Meinung.
Politische Kommunikation in Kampagnen am Beispiel von
Brent Spar und Mururoa. In: Ulrike Röttger (Hrsg.): PR-Kampagnen. Über die Inszenierung von Öffentlichkeit. Opladen: Westdeutscher Verlag: 125–147.

Wiedemann, Peter (Hrsg.) (2000): Risikokommunikation für
Unternehmen. Düsseldorf: VDI.

Winzig, Ottmar F. (1998): „Ein ganz normaler Vorgang" –
Krisen-PR im Industrieunternehmen. In: Bettina von Schlippe/
Bernd-Jürgen Martini/Günther Schulze-Fürstenow (Hrsg.):
Arbeitsplatz PR: Einstieg, Berufsbilder, Perspektiven. Neuwied
u. a.: Luchterhand: 30–33.

Woodcock, Chris (1998): Crisis Communication. In: Klaus
Merten/Rainer Zimmermann (Hrsg.): Das Handbuch der Unternehmenskommunikation. Köln u. a.: Deutscher Wirtschaftsdienst, Luchterhand: 150–163.

Wylie, Frank (1997): Key to Crisis Management, in: Communication World. Special Midyear Issue, 14, No. 7: 34–35.

Zerfaß, Ansgar (2001): Krisen-PR im Internet. Interview mit
dem Krisenforscher Frank Roselieb, in: Public Relations Forum, 7, Heft 1: 31–34.

Literaturnachweise zu den Einzelbeiträgen

Klaus Merten

Baerns, Barbara/Joachim Klewes (1996): Fehlfunktion im Mediensystem. Brent Spar und die Medien, in: Sage & Schreibe,
Heft 2: 20–21.

Deutsche Shell (1995): Die Ereignisse um Brent Spar in Deutschland. Als Man. verv. Deutsche Shell, Hamburg.

Hecker, Silke (1997): Kommunikation in ökologischen Unternehmenskrisen. Der Fall Shell und Brent Spar. Wiesbaden: Deutscher Universitäts-Verlag.

Johanssen, Klaus-Peter (1998): Betrachtungen zu einem Krisenfall [„Brent Spar"], in: Public Relations Forum, 4, Heft 3: 169–172.

Klaus, Elisabeth (1997): Die Brent-Spar-Kampagne oder: Wie funktioniert Öffentlichkeit? In: Ulrike Röttger (Hrsg.): PR-Kampagnen. Über die Inszenierung von Öffentlichkeit. Opladen: Westdeutscher Verlag: 99–120.

Kocks, Klaus (1998): PR-Krisen durch Krisen-PR? In: Klaus Merten/Rainer Zimmermann (Hrsg.): Das Handbuch der Unternehmenskommunikation. Köln u. a.: Verlag Deutscher Wirtschaftsdienst, Luchterhand: 134–140.

Luhmann, Niklas (1975): Soziologische Aufklärung II. Opladen: Westdeutscher Verlag.

Luhmann, Niklas (1991): Soziologie des Risikos. Berlin: de Gruyter.

Merten, Klaus (2004): Zur Ausdifferenzierung des Mediensystems am Beispiel von Journalismus und PR. In: Juliana Raupp/Joachim Klewes (Hrsg): Quo Vadis Public Relations? Wiesbaden: Verlag für Sozialwissenschaften: 17-29.

Merten, Klaus (2004a): Von der Informationsgesellschaft zur Mediengesellschaft. Vortrag Jahrestagung der Deutschen Gesellschaft für Publizistik und Kommunikation, Erfurt 20.5.2004 (im Druck).

Merten, Klaus (2005): Public Relations. Einführung in Theorie, Methoden und Praxis. Wiesbaden: Verlag für Sozialwissenschaften, 3 Bde (in Vorbereitung).

Pfannenberg, Jörg (2003): Veränderungskommunikation. Frankfurt: FAZ-Institut.

Scherler, Patrik (1996): Kommunikation mit externen Anspruchsgruppen als Erfolgsfaktor im Krisenmanagement eines Konzerns. Erfahrungen aus dem Fall Brent Spar (Greenpeace vs. Shell). Basel: Helbing & Lichtenhahn.

Heike Schiffler

Deekeling, Egbert/Barghop, Dirk (Hrsg.), Kommunikation im Corporate Change. Maßstäbe für eine neue Managementpraxis, Wiesbaden, 2003.

Echter, Dorothee, Rituale im Management. Strategisches Stimmungsmanagement für die Business Elite, München 2003.

Fuchs, Jürgen, Das Märchenbuch für Manager. Gute-Nacht-Geschichten für Leitende und Leidende, Frankfurt/Main, 3. überarbeitete Auflage, 2002.

Wachtel, Stefan, Überzeugen vor Mikrofon und Kamera. Was Manager wissen müssen, Frankfurt/Main, 1999.

Edith Wienand

Brouwers, Hermann (2003): Risiken und Nebenwirkungen – Krisenkommunikation am Beispiel Lipobay. In: Günter Bentele et al. (Hrsg.): Kommunikationsmanagement, Bd. 2. Neuwied u. a.: Luchterhand: 6.06.

Merten, Klaus (^{2}1995): Inhaltsanalyse. Einführung in Theorie, Methode und Praxis. Opladen: Westdeutscher Verlag.

Merten, Klaus (2001): Determinanten des Issues Managements. In: Ulrike Röttger (Hrsg.): Issues Management. Theoretische Konzepte und praktische Umsetzung – eine Bestandsaufnahme. Wiesbaden: Westdeutscher Verlag: 41–57.

Spiegel Online (2004): 70 Prozent machen nur Dienst nach Vorschrift. www.spiegel.de/wirtschaft/0,1518,282470,00.html (19.01.2004).

Wienand, Edith (2004): Warum Medien analysieren?. In: Elke Neujahr/Edith Wienand: PR-Konzeption. Unit 8. Fernstudium Public Relations der com⁺plus GmbH. Münster/Berlin.

COMDAT Medienforschung GmbH (2003): „Tod durch Torte?". Der Fall Coppenrath & Wiese im Spiegel der Medien. Evaluation einer Kommunikationskrise. www.comdat.de/downloads/COMTEXT2.pdf

Nützliche Links

Krisenkommunikation

www.agenturcafe.de
Diverse Fachbeiträge über Kommunikation und Krisenkommunikation

www.crisisadvice.com
Verschiedene Fallbeispiele und Materialsammlung zu Krisenmanagement-Themen

www.crisisexperts.com
Website des Institute for Crisis Management (ICM) in Louisville, USA; gegründet 1990

www.controlrisks.com
Informationen über das weltweit agierende und führende Unternehmen für Sicherheit von Organisationen im politischen Raum, von Unternehmen und Personen

www.krisennavigator.de
Internetangebot von Frank Roselieb für Krisenmanagement, Krisendiagnose, Krisenkommunikation, Issues Management, Risikomanagement, Sicherheitsmanagement und Katastrophenmanagement

www.risknet.de
Internetangebot zum Thema Riskmanagement, das sich mit aktuellen Unternehmensthemen von Basel II bis zum KonTrab auseinandersetzt

www.trauboth-risk-management.de/german/trm.html
Aktuelles rund um Sicherheitskrisen und kriminelle Angriffe auf Organisationen

Verbraucher – Sites

www.diemucha.de und www.diemucha.at
Diese Seiten wurden vom Lifestyle-Verlag Barbara Tucha zum
Konsumentenschutz 2001 ins Leben gerufen und richten sich
an all diejenigen, die online ihren Shoppingfrust und auch ihre
Einkaufshighlights einer breiten Öffentlichkeit zugänglich machen wollen. Die meisten angesprochenen Firmen verstehen
die Beschwerden in diesem Forum als konstruktive Kritik. Die
durchweg raschen Stellungnahmen der Betroffenen sorgen dafür, dass keine Negativwerbung aufkeimt, sondern dass in den
meisten Fällen das Vertrauensverhältnis zum Kunden wie-
derhergestellt werden kann.

Finanznutzer im Netz

www.ciao.com/
Informationen und Erfahrungen von Verbrauchern für Verbraucher zu mehr als 180 000 Produkten und Services

www.dooyoo.de/
Verbraucher-Tipps von mehr als 500 000 Produkten und Shops

www.gwp.de
Handelsblatt Investor Relations Monitor

www.hitwin.de
Von Usern für User gemachte Site, die kritischen Konsumenten
authentische Verbraucherberichte bietet, auf der aber auch kritische Berichte zu aktuellen Ereignissen zu finden sind.

www.yopi.de
Verbraucherplattform für Testberichte, Preisvergleiche, Tests

Newsgroups

Meist englischsprachige Foren mit Zugang zu unzensierten Meinungsbeiträgen

www.alibis.com

www.cyberfiber.com

www.disputo.de

VII. Autorinnen und Autoren

Elke Neujahr

Die Herausgeberin und Autorin Elke Neujahr verfügt über mehr als 20 Jahre Erfahrung in Public Relations und Krisenkommunikation. In mehr als 25 Fällen saß sie als externe Beratung bei Werksschließungen, Produktrückrufen, Produkterpressung, Personalabbau und Wettbewerbsangriffen mit am Tisch des Krisenteams.

Bevor Elke Neujahr 1992 auf die Agenturseite wechselte, war sie in der Industrie für technisch orientierte Unternehmen tätig. Ihre Stationen sind Continental AG Hannover, BEB Erdgas GmbH Hannover, Flughafen Hannover. Aus ihrer Position Leiterin Presse- und Öffentlichkeitsarbeit wechselte sie zu Reporter PR (heute Trimedia Reporter). Zu ihren Klienten zählten der norwegische Energiekonzern Statoil, die Meyer-Werft im niedersächsischen Papenburg und die Solvay Deutschland.

Ab 1994 war sie Führungskraft in Deutschlands führender PR-Agentur ECC KohtesKlewes und deren Muttergesellschaft European Communications Consultants GmbH. Als Geschäftsführende Gesellschafterin baute sie mit ihren Partnern die Unternehmensgruppe auf über 400 Mitarbeiterinnen und Mitarbeiter aus. Zuletzt war sie für das Supervising von Key-Klienten und als Krisenexpertin für namhafte Konzerne tätig. Zusätzlich führte sie als CEO sowohl die Holding als auch ECC KohtesKlewes. Von 2001 bis 2003 unterzog sie die Agenturgruppe einer Restrukturierung und baute sie zum erfolgreichsten Kommunikationsunternehmen in Deutschland aus.

Mit ihren Erfahrungen als Kommunikationsspezialistin und als Managerin des mittelständisch geprägten Unternehmens ECC machte sich Elke Neujahr im Sommer 2004 selbstständig. Die PR-Expertin hat sich mit der Beratungsgesellschaft comm:up Kommunikation & Management GmbH in Düsseldorf niedergelassen.

Heute berät Elke Neujahr Unternehmen und Organisationen in der Strukturierung ihrer Kommunikationsabteilungen, ist in verschiedenen Krisenstäben als externe Beraterin für Kommunikation zuständig, trainiert im Verbund mit einem Spezialistenteam Krisenteams und Krisenmanagement-Verantwortliche und berät Unternehmen bei der Planung und Durchführung ihres internationalen Markenauftritts.

Darüber hinaus engagiert sich Elke Neujahr in der Qualifizierung von Führungskräftenachwuchs in der Kommunikationsbranche. Sie lehrt an verschiedenen Instituten, übt verschiedene Beiratsfunktionen – wie beim Fernstudiengang für PR-Manager bei der com⁺plus GmbH – aus und erfüllt an der Universität Münster einen Lehrauftrag.

Elke Neujahr ist zu erreichen unter elke.neujahr@comm-up.de oder www.elke-neujahr.de

Prof. Dr. Klaus Merten

Klaus Merten, Professor Dr., Studium der Mathematik und In-
formatik an der TH Aachen, der Geschichte, Publizistik und
Soziologie an der Universität Münster, der Soziologie und Mathematik an der Universität Bielefeld. 1972 Wiss. Assistent an
der Fakultät für Soziologie, 1975 Promotion bei N. Luhmann
über den Kommunikationsbegriff, 1979 Professor für empirische Sozialforschung an der Universität Gießen, 1984 Professor für empirische Kommunikationsforschung an der Universität Münster. Arbeitsgebiete: Theorie und Methoden der Kommunikationsforschung, Wirkungsforschung, Public Relations.
Gründer von COMDAT Medienforschung GmbH, PR⁺plus
GmbH und com⁺plus GmbH. Top Award International Communication Association (ICA, 1976) und Thyssenstiftung (1991).

Dr. Heike Schiffler

Dr. Heike Schiffler ist promovierte Kommunikationswissen-
schaftlerin und hat sich in zahlreichen Veröffentlichungen
intensiv mit Kommunikationskonflikten und deren Lösungen
befasst. Darüber hinaus ist sie Autorin verschiedener Facharti-
kel zur Unternehmenskommunikation.

Von 1991 bis März 1996 hat sie in der Agentur Kohl PR &
Partner GmbH gearbeitet, ab 1993 verantwortlich für die Divi-
sion Public Relations. Von April 1996 bis November 1999 war
sie Leiterin Unternehmenskommunikation der Deutschen Gesellschaft für Kunststoff-Recycling mbH (DKR), im Anschluss
daran bis Februar 2004 Direktorin Kommunikation & Marketing der „Der Grüne Punkt – Duales System Deutschland AG
(DSD)". Heute ist sie Direktorin Marketing & Werbung des
DSD und seit Juni 2004 Sprecherin der Wirtschaftsinitiative
„Aktion Saubere Landschaft. Partnerschaft pro Umwelt" (ASL).

Dr. Knut Schulte

Dr. Knut Schulte ist seit 1993 Rechtsanwalt. Nach dem Studium an der Universität Heidelberg war er für Anwaltskanzleien in Heidelberg, New York und Frankfurt tätig. Heute ist er in Düsseldorf Partner der Beiten Burkhardt Rechtsanwaltschaft mbH, einer der großen deutschen wirtschaftsberatenden Anwaltssozietäten, und Lehrbeauftragter der Düsseldorfer Heinrich-Heine-Universität.

Dr. Schulte befaßt sich neben dem Agenturrecht mit dem Gesellschaftsrecht und der rechtlichen Krisenberatung. Außerdem begleitet und begleitete er Unternehmen bei der Prozessführung in öffentlichkeitswirksamen Fällen.

Dr. Edith Wienand

Dr. Edith Wienand studierte Kommunikationswissenschaft, Politik und Soziologie in Münster. Ihre Dissertation, die mit dem „Albert Oeckl-Nachwuchspreis" der DPRG ausgezeichnet wurde, schrieb sie zum Thema „Public Relations als Beruf". Neben ihrer Promotion arbeitete sie mehrere Jahre als wissenschaftliche Redakteurin bei der PR⁺plus Fernstudium Public Relations GmbH in Heidelberg. Hier war sie maßgeblich am Aufbau des Fernstudienganges beteiligt und zeichnete für die Entwicklung und Redaktion der Studienunterlagen sowie für die Betreuung der Teilnehmer verantwortlich. Seit Dezember 2001 ist sie Geschäftsführerin der COMDAT Medienforschung GmbH in Münster. Das Unternehmen ist auf die Analyse und Optimierung von Kommunikation spezialisiert.